REPORT OF THE TRANSPORTATION
PRACTITIONERS DEVELOPMENT IN CHINA

中国交通运输从业人员发展报告

城市轨道交通信号工

Signalman of Urban Rail Transit

交通运输部职业资格中心　编著

人民交通出版社股份有限公司
北　京

内 容 提 要

本书分十章总结梳理了城市轨道交通信号工队伍的发展状况，系统阐述了我国城市轨道交通信号工队伍发展中的实践经验、成果、问题及发展方向。

本书适合城市轨道交通信号工培训机构管理人员和城市轨道交通行业管理人员使用，也可供城市轨道交通行业研究人员等参考。

图书在版编目（CIP）数据

中国交通运输从业人员发展报告. 城市轨道交通信号工 / 交通运输部职业资格中心编著. — 北京：人民交通出版社股份有限公司, 2022.12

ISBN 978-7-114-16939-7

Ⅰ.①中… Ⅱ.①交… Ⅲ.①城市铁路—铁路信号—信号系统—从业人员—研究报告—中国 Ⅳ.①U

中国版本图书馆CIP数据核字（2020）第227159号

Zhongguo Jiaotong Yunshu Congye Renyuan Fazhan Baogao　Chengshi Guidao Jiaotong Xinhaogong

书　　名：	中国交通运输从业人员发展报告　城市轨道交通信号工
著 作 者：	交通运输部职业资格中心
责任编辑：	姚　旭
责任校对：	席少楠
责任印制：	张　凯
出版发行：	人民交通出版社股份有限公司
地　　址：	（100011）北京市朝阳区安定门外外馆斜街3号
网　　址：	http://www.ccpcl.com.cn
销售电话：	（010）59757973
总 经 销：	人民交通出版社股份有限公司发行部
经　　销：	各地新华书店
印　　刷：	北京印匠彩色印刷有限公司
开　　本：	787×980　1/16
印　　张：	6
字　　数：	90千
版　　次：	2022年12月　第1版
印　　次：	2022年12月　第1次印刷
书　　号：	ISBN 978-7-114-16939-7
定　　价：	40.00元

（有印刷、装订质量问题的图书，由本公司负责调换）

中国交通运输从业人员发展报告编审委员会

主　任：申少君
副主任：李好明　刘　鹏　陈孝平
委　员：何朝平　沈冬柏　王福恒　张　萍
　　　　郝鹏玮　张　巍　张文玉　刘　欣
　　　　雷小芳

本书编写人员

主　编：卫婧茹　李好明
副主编：郝鹏玮　张　巍

前言

十年树木,百年树人。交通强国战略的实施,离不开交通运输从业人员队伍的建设发展。交通运输从业人员既是交通基础设施的建设者和运输服务的提供者,也是建设质量和运输安全的保障者、交通运输市场环境和诚信体系的维护者,是交通运输发展最活跃、最能动的核心要素,对于解放和发展生产力,推进交通运输治理体系和治理能力现代化,加快交通强国建设至关重要。为了更好地总结交通运输从业人员发展的实践结果,全面、深入、系统地反映交通运输从业人员的实际状况,同时能够使公众和社会更加全面清晰地了解交通运输从业人员,交通运输部职业资格中心会同有关单位在对交通运输从业人员进行深入调查研究的基础上,陆续发布中国交通运输从业人员发展报告。

本报告为城市轨道交通信号工分册。城市轨道交通信号工是运用系统、使用工具和设备,进行城市轨道交通信号工程施工和设备维护的人员,是城市轨道交通运营维护工作的核心和关键。截至2022年8月,全国共计51个城市已开通运营城市轨道交通线路278条,运营里程9098km。"十四五"期间,我国城市轨道交通运营里程数将新增3000km,需要新增城市轨道交通信号工6000人左右。通过对全国33家城市轨道交通企业和1万余名城市轨道交通信号工进行的抽样问卷调查和分析测算,城市轨道交通信号工人数约1.65万人,占城市轨道交通运营员工总数(364833人)的4.5%,平均年龄27岁,专业对口度和岗位匹配度高,呈现出年轻化、专业化的特点。从业人员队伍整体较稳定,离职率低;收入水平中等,有五险一金、带薪年休假等待遇。

同时,城市轨道交通信号工从业人员队伍还存在结构性供需矛盾,近半

数企业有"招聘难"的问题;缺乏统一的人员评价制度,从业人员职业发展通道需进一步完善。职业培训体系有待完善,职业培训需加强专业性和针对性。从业人员薪酬竞争力不高,薪酬待遇方面"不太满意""不满意"的占比有48.1%。职业健康水平仍需提高。工作环境条件差,心理压力较大,需要进一步加强职业防护、改善从业环境。

针对城市轨道交通信号工存在的问题,经调研分析提出如下建议:加强人才培养研究,为加强城市轨道交通从业人员管理、服务,健全行业培训评价制度体系提供有力支撑。健全职业发展通道,引导企业健全城市轨道交通信号工职业发展路径和成长空间。完善薪酬待遇体系,鼓励引导城市轨道交通企业建立健全体现技能价值激励导向的薪酬分配制度。优化培养培训模式,健全以就业技能培训、岗位技能提升培训和专项能力培训为主要形式的培训体系,实施从业人员知识更新工程。多措并举提升从业人员获得感幸福感安全感。通过职业技能竞赛展示、技术能手评选、职业风采展示提高从业人员的职业荣誉感和社会认可度,引导企业加强对从业人员的心理疏导和人文关怀。本报告系统阐述了我国城市轨道交通信号工从业人员队伍发展中的实践经验、成果、问题及发展方向,希望对促进我国城市轨道交通信号工从业人员队伍科学发展有所裨益。

报告在编写过程中得到了西南交通大学、柳州铁道职业技术学院,北京地铁运营有限公司、北京京港地铁有限公司、上海地铁维护保障有限公司、青岛地铁集团有限公司、西安市轨道交通集团有限公司、广州地铁集团有限公司、深圳市地铁集团有限公司、重庆市轨道交通集团有限公司、成都轨道交通有限公司、南宁轨道交通集团有限责任公司、人民交通出版社股份有限公司的支持,胡邦曜、黄锋、孙壮志、郭进、施聪、张耀、赵跟党、夏栋、徐峰、卢丹蕾、张建新、李军、李莉、陈微、李中羽、吴清平、王鑫、杨丽改、姚旭、黄磊、温悦、王若茜等同志提出了修改意见建议,在此一并表示感谢。

交通运输部职业资格中心
2022年9月

目录

第一章 城市轨道交通信号工调查概况 ·· 1
    第一节 行业基本情况 ··· 1
    第二节 调查背景 ··· 2
    第三节 调研目的 ··· 2
    第四节 调研过程 ··· 2
    第五节 分析方法 ··· 5
    第六节 报告结构 ··· 6

第二章 城市轨道交通信号工人力资源存量分析 ·································· 7
    第一节 现有从业人员人口统计学特性 ································ 7
    第二节 人力资源数量与质量分析 ··································· 12
    第三节 小结 ·· 14

第三章 城市轨道交通信号工供求分析 ··· 15
    第一节 城市轨道交通信号工流动现状分析 ·························· 15
    第二节 城市轨道交通信号工流动意向分析 ·························· 18
    第三节 城市轨道交通信号工流动影响因素分析 ······················ 19
    第四节 小结 ·· 21

第四章	城市轨道交通信号工培训开发与职业晋升	22
第一节	企业培训	22
第二节	培训需求与培训资源开发	26
第三节	晋升渠道与晋升意愿	28
第四节	小结	31

第五章	城市轨道交通信号工的薪酬与福利	32
第一节	收入情况	32
第二节	期望收入情况	36
第三节	福利保障	37
第四节	小结	38

第六章	城市轨道交通信号工满意度现状与影响因素	39
第一节	工作满意度现状	40
第二节	工作满意度分析	43
第三节	小结	47

第七章	城市轨道交通信号工职业健康	48
第一节	工作时间和休息状况	48
第二节	工作压力状况	49
第三节	小结	53

第八章	城市轨道交通信号工职业资格工作发展情况	54
第一节	《城市轨道交通信号工国家职业技能标准（2019年版）》了解情况	54
第二节	从业人员对职业技能等级认定工作的观点情况	55

目 录

　　　第三节　从业人员对交通运输职业资格管理部门组织开展城市轨道
　　　　　　交通信号工职业技能等级认定工作的观点情况 …………56
　　　第四节　小结 ……………………………………………………………57

第九章　改善城市轨道交通信号工从业状况的建议 ……………………………58
　　　第一节　城市轨道交通信号工从业原因调查 …………………………58
　　　第二节　城市轨道交通信号工从业前景展望 …………………………59
　　　第三节　从业人员对城市轨道交通运营企业的建议 …………………60
　　　第四节　改善城市轨道交通信号工职业状况的建议和措施 …………60

第十章　城市轨道交通信号工职业展望 …………………………………………62

附件1　城市轨道交通信号工素质状况调查问卷（城市轨道交通企业填写）……65

附件2　城市轨道交通信号工从业状况调查问卷 ………………………………74

第一章

城市轨道交通信号工调查概况

第一节　行业基本情况

城市轨道交通是大城市公共交通的骨干交通方式和核心基础设施，关系到广大人民群众的安全便捷出行，是城市公共服务的重要内容。城市轨道交通行业是国民经济的重要组成部分，随着我国经济社会持续快速发展，城市轨道交通建设继续保持快速增长态势，线网规模快速增长，服务能力不断提升，关键技术快速发展。截至2022年4月，全国共有51个城市开通运营城市轨道交通线路275条，运营里程8904km。

随着城市轨道交通的不断发展，城市轨道交通从业人员队伍建设也取得了显著成绩，从业人员规模稳步增长、结构进一步优化，从业人员教育培训评价水平不断提升，从业人员整体能力有了很大提高。"十三五"期间，城市轨道交通行业从业人员年均增长3.5万人，年增速达11.8%。至2020年底，从业人员中本科及以上学历人员已超过40%，技能人员占比达84%，高级工以上占比达25%。从业人员平均年龄29.5岁，呈现年轻化、专业化的趋势。

城市轨道交通的快速发展对城市轨道交通人才队伍建设也提出了更高的要求，表现在从业人员队伍结构变化加快，城市轨道交通列车司机、城市轨道交通服务员（偏站务员岗位）的需求缩减、整体趋于饱和，跨专业作业和多岗融合成

为发展趋势，综合检修岗位、调度与驾驶技能复合岗位等需求不断增加。从业人员的培训、管理和职业发展还不能满足行业对从业人员的精准需要，以高质量发展要求来看，从业人员的培养、使用、评价、激励制度亟待完善。

第二节 调查背景

城市轨道交通信号系统是维护保证列车运行安全，实现行车指挥和列车运行现代化，提高运输效率的关键系统设备，相当于城市轨道的大脑与控制中枢。作为城市轨道交通信号系统的操作人员，城市轨道交通信号工是城市轨道交通运营维护工作的核心与中控关键。城市轨道交通信号工的技能水平是保障城市轨道交通安全的重要防线。为全面、系统了解城市轨道交通信号工职业状况，进一步提升城市轨道交通信号工素质，根据《交通运输部关于提升交通运输从业人员素质的指导意见》的有关要求，交通运输部职业资格中心组织开展此次城市轨道交通信号工职业状况调研。

第三节 调研目的

通过调研了解城市轨道交通信号工从业状况和从业人员职业实际状况以及存在的主要问题，分析研究从业人员诉求，为改进和加强从业人员管理、提高从业人员素质、增强从业人员的职业归属感和获得感等提供决策依据。

第四节 调研过程

2020年3月，交通运输部职业资格中心围绕城市轨道交通企业职工状况和城市轨道交通信号工从业人员状况两个方面，通过问卷调查、组织座谈、专题走访等形式在全国范围组织开展了城市轨道交通信号工从业人员状况调查。

一、调研对象

此次调查围绕全国27个省、自治区、直辖市的城市轨道交通企业和城市轨道交通信号工从业人员开展调研。

二、问卷设计

1.问卷类型

根据城市轨道交通企业信号工的素质状况和城市轨道交通信号工状况设计了A和B两类调查问卷。其中，A卷由城市轨道交通企业填写（1套独立问卷，见附件1）；B卷由从业人员填写（1套独立问卷，见附件2）。问卷依据人力资源管理相关理论设计，从城市轨道交通信号工的群体状况、就业、培训、收入、保障、工作满意度等多个视角设置问题，经专家论证、与企业相关人员座谈等对问卷进行调整，并结合城市轨道交通信号工职业特点修改完善。

2.调查内容

在具体问题方面，对城市轨道交通信号工从业状况、分布情况、年龄结构、招聘与流动现状、培训与职业晋升、薪酬福利、工作满意度、职业健康、专业知识与安全意识等方面进行了调查。根据城市轨道交通企业管理特点和从业人员特点有针对性地分别进行了问题设置。在表述方式上保持客观，避免对调查对象产生倾向性诱导。

3.问题形式

题目设置为单项选择题、多项选择题、填空题和排序题四种形式，有助于对调查对象给出更客观、全面、有针对性的评价。此外，还设置了开放式问题，旨在收集调查对象针对交通运输主管部门加强和改进从业人员管理服务工作的意见建议，鼓励建言献策。

三、调研方式

问卷调研由调研对象通过网上填写的方式进行。调查期间，一是调查对象可以通过电脑登录网站填写问卷，也可以扫描二维码后进行手机答题，相对传统纸质问卷，填报方式简单易行、组织难度较低；二是及时跟踪问卷填报情况、监测填报质量，督促有关单位管理部门加大组织力度，确保回收数量；三是实时汇总反馈数据，为后续数据清理和分析工作奠定良好基础。

调研问卷的质量保障主要体现在三个方面：一是调研问卷覆盖面广，对（2020年3—4月）全国45家城市轨道交通企业中的33家进行了问卷调研，对其中32家企业的从业人员进行了问卷调研，企业覆盖率达到了73.3%。根据测算，本

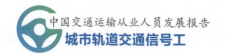

次问卷调研覆盖了60%以上的从业人员。二是通过城市轨道交通企业发放和回收从业人员问卷，确保了调查对象的群体代表性和问卷的数据质量。三是采用网上不记名调研，不采集从业人员个人信息，相对避免了问卷数据真实性的个体因素影响，确保信息采集质量。

四、调研过程

2020年3月，交通运输部职业资格中心组织开展城市轨道交通信号工职业状况抽样调查，在行业上下的大力支持下，各地迅速布置了问卷调查工作。问卷填报期间，交通运输部职业资格中心通过邮箱、电话等方式与各地持续沟通，了解和通报工作进度，及时答疑解惑，落实工作进度、保障数据质量。调查结束后，对反馈数据进行了初步汇总，交通运输部职业资格中心开展了数据清洗、统计分析和报告撰写工作，不断充实完善报告内容。

五、问卷回收情况

此次调查，交通运输部职业资格中心面向全国27个省、自治区、直辖市的33家城市轨道交通企业和上万名城市轨道交通信号工进行了问卷调查，在剔除了重复个案、作答时间过短、变量奇异值较多、回答逻辑错误等无效数据后，共回收有效调查问卷10286份，其中从业人员问卷10253份，城市轨道交通企业填写问卷33份（表1-1）。共获取有效数据（按问卷数量×题目数量计算）70余万条。

各地区从业人员问卷数量　　　表1-1

序号	省、自治区、直辖市	问卷数量（份）
1	北京市	1382
2	天津市	134
3	河北省	184
4	山西省	7
5	内蒙古自治区	191
6	辽宁省	336
7	吉林省	125
8	黑龙江省	113

续上表

序号	省、自治区、直辖市	问卷数量（份）
9	上海市	505
10	江苏省	1259
11	浙江省	262
12	安徽省	241
13	福建省	161
14	江西省	189
15	山东省	490
16	河南省	528
17	湖北省	612
18	湖南省	169
19	广东省	1481
20	广西壮族自治区	304
21	海南省	4
22	重庆市	577
23	四川省	386
24	云南省	149
25	陕西省	184
26	甘肃省	83
27	新疆维吾尔自治区	197

第五节　分析方法

一是描述性统计分析。使用众数、中位数、均值描述数据集中趋势，使用标准差描述数据的离散程度，使用频数、频率分布描述数据的分组整体分布结构等。

二是相关分析。用来研究现象之间是否存在某种依存关系，例如对从业人员薪资与从业时长进行相关分析。

第六节 报告结构

本报告基于人力资源管理视角，以改善城市轨道交通信号工从业环境、提升服务水平、提高行业竞争力为立足点，分析当前我国城市轨道交通信号工的职业状况。首先，基于现有从业人员现量分析，理清从业人员的数量与质量特征；其次，通过对从业人员新进率与流动率的比较，对当前和近3年从业人员供求状况作出分析；第三，着眼从业人员培训与开发、薪酬福利、工作满意度、职业健康以及专业知识与专业意识等方面，具体分析从业人员职业状况；最后，基于分析结论，兼顾城市轨道交通企业对从业人员素质的期望和调查对象反馈的意见建议，提出改善城市轨道交通信号工从业状况的对策建议。整个报告的内容结构如图1-1所示。

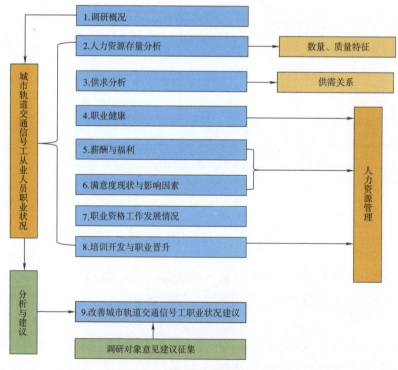

图1-1 报告结构

第二章

城市轨道交通信号工人力资源存量分析

本章主要对城市轨道交通信号工的人力资源样本基本情况进行分析，主要包括现有从业人员人口统计学特性和现有从业人员人力资源数量与质量分析两方面。

第一节 现有从业人员人口统计学特性

人口统计特征是指有关人口现象的数量资料，具体指标包括性别、年龄、民族、教育程度等变量。本报告中，将针对城市轨道交通信号工的人口统计特征，如性别、年龄和教育程度等方面进行统计分析。城市轨道交通信号工在《国家职业分类大典》中归类为"生产制造及有关人员"，按照技能类人员管理，因此，本报告不再统计其职称结构比例。

一、数量

目前行业内关于城市轨道交通信号工数量规模没有明确统计，本报告结合城市轨道交通企业调研情况估算出城市轨道交通信号工人员规模。第一种测算思路是通过本次调研所获得的每公里数配备城市轨道交通信号工数量，结合交通运输部公布的城市轨道交通运营里程数，推算出城市轨道交通信号工数量。根据交通运输部公布的《城市轨道交通运营数据速报》，截至2021年底，全国共有49个城市开通运营城市轨道交通线路250条，运营里程8116km，按照每公里配备2个城市轨道交通信号工的比例，测算出城市轨道交通信号工从业人员总数

为1.63万人。

第二种测算思路是用各城市轨道企业城市轨道交通信号工在本企业运营职工中的数量占比均值乘以城市轨道交通运营员工总数❶，测算出全行业城市轨道交通信号工总数。基于调查可知城市轨道交通信号工占比约为4.6%，测算得出在职的城市轨道交通信号工从业人数约为1.67万。

以上两种测算所得出的人数相近，估算得出全行业城市轨道交通信号工总量在1.65万人左右。

二、性别比例

从图2-1中的性别结构分布来看，城市轨道交通信号工中男性占比为84.61%；女性占比仅为15.39%。城市轨道交通信号技能人才主要以男性为主，同时，这一现象不仅限于城市轨道交通信号工中，而是存在于整个城市轨道交通运营企业，生产类岗位男女职工的比例同样呈现出男多女少且男性从业人员数量多是女性从业人员数量的2倍及以上的现象。以城市轨道交通列车司机和城市轨道交通调度员为例，根据调查，城市轨道交通信号工中男性占比较城市轨道列车司机中男性占比低10%以上（男性占比为96.9%），与城市轨道交通调度员（男性占比86.3%）相当。城市轨道交通信号工的性别比例整个城市轨道交通领域的职业（或岗位）趋势一致。

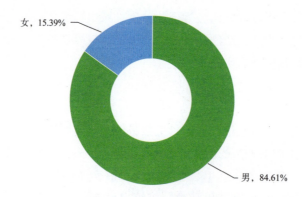

图2-1 城市轨道交通信号工性别分布

---

❶ 根据《中国客运城市发展报告（2020）》，城市轨道交通运营员工总数为364833人，该报告中定义的城市轨道交通运营员工包含生产人员（含工人）、工程技术人员、管理人员、其他人员，即企业职工总数。

三、年龄结构

在接受调查的城市轨道交通信号工中，从业人员年龄段主要集中在23~30岁，这一年龄段的从业人员占比高达67.06%，成为城市轨道信号工的主要年龄构成。22岁及以下年龄的从业人员占比8.66%，23~25岁年龄段占比35.14%，26~30岁年龄段占比31.92%，31~35岁年龄段占比16.28%，36~40岁年龄段占比4.63%，41岁及以上年龄占比2.83%（图2-2）。根据调查，交通运输、仓储和邮政业从业人员平均年龄为40岁，城市轨道交通信号工平均年龄为27岁，城市轨道交通信号工不仅平均年龄较交通运输、仓储和邮政从业人员低，其年龄结构组成相较也更加趋向年轻化，这与我国党的十八大以来城市轨道交通领域技术和城市轨道交通建设高速发展密切相关。

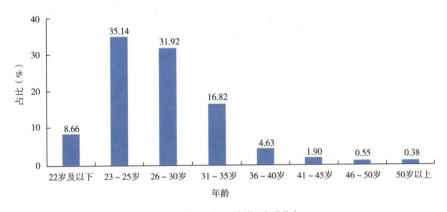

图2-2 城市轨道交通信号工年龄分布

四、学历结构

从图2-3中的学历分布来看，城市轨道交通信号工初中及以下学历从业人员占比0.06%，高中/中专/职高学历占比2.93%，大专/高职学历占比55.15%，本科学历占比41.45%，硕士研究生及以上学历占比0.39%。50%以上的从业人员有本科及以上学历，大专/高职及以上学历占97%。城市轨道交通信号工与城市轨道交通调度员（大专/高职及以上学历占95.4%）、城市轨道交通列车司机（大专/高职及以上学历93.5%）、城市轨道交通值班员（大专/高职及以上学历97%）在大专/高职及以上学历占比情况基本相当。与道路运输行业整体情况（高中/中专及以下学历占84.1%）相比，城市轨道交通信号工大专/高职和本科及以上学历人员占比更高。城市轨道交通从业人员的技术能力、操作规范性要求较高，与传统道路运输特别是货运行业"多、小、散"的现状形成鲜明对比，体现在从业人员学历结构上，大专/高职及以上学历的人员占比更大。

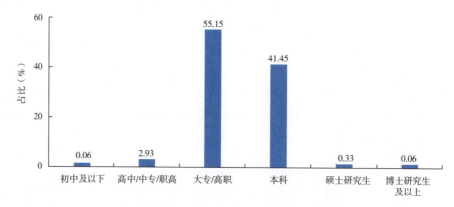

图2-3　城市轨道交通信号工学历分布

从图2-4中的从业人员在校专业对口情况来看，毕业于交通类、轨道类院校相关专业的城市轨道交通信号工占比76.99%，毕业于交通类、轨道类非相关专业的从业人员占比4.25%，毕业于非交通类、非轨道类院校的从业人员占比18.76%。毕业于对口院校对口专业的城市轨道交通信号工占比超过了三分之二，由此看出，城市轨道交通信号工专业对口就业率较高，这说明城市轨道交通信号专业的智力投资经济效益较大，并且较为适应国民经济发展需要。

五、从业年限

从图2-5中的从业时间分布来看，城市轨道交通信号工从业年限偏短。从业时间在3年及以下的信号工占比40.59%，从业时间在3~6年之间的占比27.22%，从业时间在6~10年之间的占比18.82%，从业时间在10~15年之间的占比9.17%，从业时间在15年及以上的占比4.19%。平均从业年限为5.5年。这与我国近年来城市轨道交通发展速度和规模息息相关，近3年城市轨道交通的发展使得行业对从业人员数量的需求迅速增长，从业人员平均年龄较低，所以普遍从业年限较短。与城市轨道列车司机（平均从业年限3.9年）接近，低于道路客运驾驶员（平均从业年限8年）、货运驾驶员（平均从业年限6.5年）。

第二章 | 城市轨道交通信号工人力资源存量分析

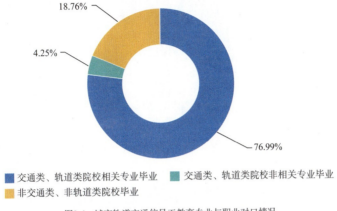

图2-4 城市轨道交通信号工教育专业与职业对口情况

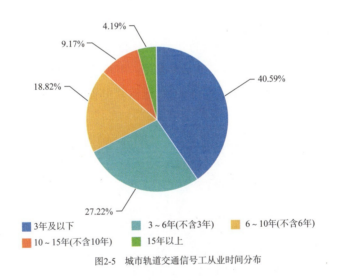

图2-5 城市轨道交通信号工从业时间分布

六、从业地分布

从图2-6中的户籍和工作所在地一致性情况来看，工作所在地与户籍一致的情况占55.51%，工作所在地和户籍不一致情况占44.49%。工作所在地与户籍情况一致的从业人员占比略高于不一致的从业人员占比，说明在一定程度上，从业人员在工作地选择上倾向于稳定。

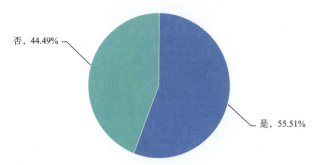

图2-6　城市轨道交通信号工户籍与工作所在地一致性情况

第二节　人力资源数量与质量分析

一、地区差异

从图2-7所示的城市轨道交通信号工地域分布构成来看，占比排名前三的华东、华北、华南，分别占比31%、18%和18%。相较其他地区，这三个地区的从业人员数量更多。这与华东地区城市轨道交通运营里程长、城市轨道交通线路多直接相关。

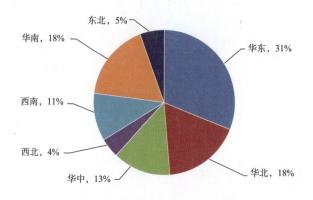

图2-7　城市轨道交通信号工地域分布情况

二、持证情况

从图2-8中可以看出，有63.38%的城市轨道交通信号工所在单位要求职工持证上岗，36.62%的城市轨道交通信号工所在单位不要求职工持证上岗。这与城市轨道交通信号工的就业政策相关，也表明由于目前对这一职业尚没有统一的行业管理要求，企业对这一职业的工作性质和岗位要求并不一致。

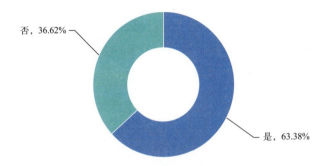

图2-8　城市轨道交通信号工持证上岗情况

图2-9显示，有89%的城市轨道交通信号工是通过企业自主评价、考核后持企业证书上岗，5%的城市轨道交通信号工是从国家或地区的铁路部门取得的职业资格证书，这部分从业人员全部来自从铁路部门转业至城市轨道运营企业。5%的城市轨道交通信号工是从国家或地区人力资源和社会保障部门取得的职业资格证书。另有1%的城市轨道交通信号工是从院校所取得的职业资格证书。由此可见，未被列入国家职业资格目录中的城市轨道交通信号工存在认定不统一、评价标准不一致的情况，但从业人员开展职业技能等级认定工作的需求和存量较大。

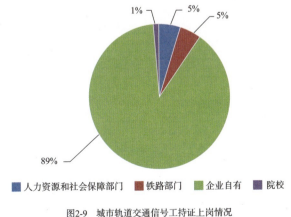

图2-9　城市轨道交通信号工持证上岗情况

第三节 小 结

（1）城市轨道交通信号工以男性为主，平均年龄与行业比较偏低，大专/高职以上学历占主体，是一支年轻化、整体学历相对较高的从业人员队伍。此外，由于近几年城市轨道交通的快速发展，城市轨道交通信号工整体平均年龄比其他城市轨道交通职业低，从业年限偏短。同时，从业人员需求量随城市轨道建设发展速度加快而上升，随着越来越多的"90后""00后"步入社会的主要工作岗位，后备力量充足，人才储备整体满足行业发展需要。

（2）作为一个具有较高智力和技术要求的交通运输领域技能类职业，城市轨道交通信号工的教育和从业的对口就业率较高，人才培养具有比较强的专业性和排他性。

（3）从就业门槛来看，城市轨道交通信号工就业率高，但是由于目前全国没有统一的职业技能等级评价方式，缺乏权威统一的职业资格评价制度和证书，同时在就业要求上各企业存在较大差异。

注：职称是属于工程技术人员系列，根据《国家职业分类大典（2015年版）》，城市轨道交通信号工被划归在第六大类"生产制造及有关人员"，按照技能类职业管理，本报告按照职业技能类对城市轨道交通信号工开展调查。

第三章

城市轨道交通信号工供求分析

第一节 城市轨道交通信号工流动现状分析

本章主要对城市轨道交通信号工流动情况、流动意向及影响流向因素进行分析，主要包括本企业入离职人员从业时间分布、近3年人员招聘和留用两个角度进行数据采集和调查分析。

一、入职人员

新进率是企业每年入职人员占现有人员数量比值，是衡量企业人员供求平衡的一个重要指标。调查企业信息显示，近3年来，城市轨道交通信号工年均新进率为54.10%。从图3-1来看，有40.59%的城市轨道交通信号工是在近3年进入本职业，从业时间在3~6年之间的城市轨道交通信号工占27.22%，从业时间在6~10年之间的占18.83%，从业时间在10~15年之间的从业人员占9.17%，从业时间在15年以上的仅占4.19%。这同城市轨道交通信号工从业人员新进率较高的情形成正向关系。新进率与城市轨道交通列车司机（近两年新进率为21.4%）相比也较高，更高于道路运输客货运输驾驶员（18%）。表明行业对城市轨道交通信号工需求较为旺盛。

图3-2所示为针对城市轨道交通信号工进行的前序职业情况调查。根据图示情况，有85.87%的从业人员是初次从事本岗位，有14.13%的从业人员第二次或第三次入岗。

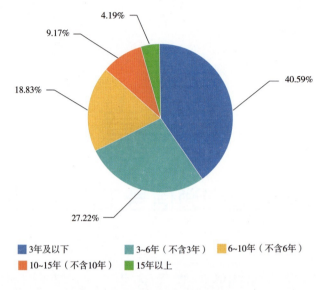

图3-1　城市轨道交通信号工从业时间情况

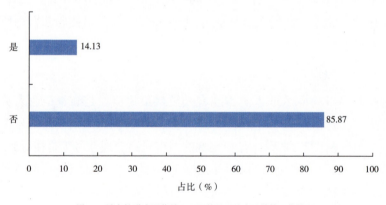

图3-2　城市轨道交通信号工入职前是否从事过其他工作情况

图3-3所示为城市轨道交通信号工新进来源分布。新进来源主要包括：校园招聘、企业自设培训机构自主培养、社会招聘、内部转岗。可以看出，校园定向招聘是新进人员的主要来源，该来源占比84.85%。主要原因是校园定向招聘人员具有较强的可塑性，且专业知识对口、理论知识较为扎实。此外，校园定向招聘的渠道更便利，较其他人才市场招聘具有更经济的人工成本支出。

第三章 城市轨道交通信号工供求分析

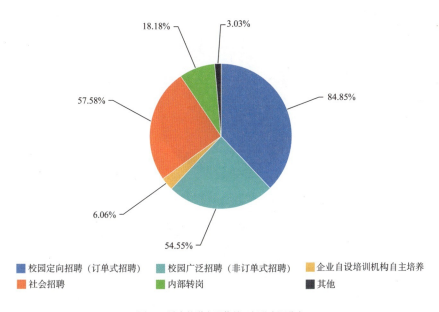

图3-3 城市轨道交通信号工新进来源分布

二、流出人员

离职率是企业每年离职城市轨道交通信号工与现有城市轨道交通信号工人员数量的比值，是衡量企业供求平衡的重要指标。调查企业信息显示，近3年，城市轨道交通信号工的年均离职率是8.6%。与道路运输领域13.5%的整体离职率相比，城市轨道交通信号工离职率较低，从业人员群体相对更加稳定。

图3-4所示为城市轨道交通信号工流出去向情况。可以看出，54%的流出人员变更了服务单位，转入同行业其他单位但并未变更职业岗位。29%的流出人员是在本企业内进行了内部转岗，即从信号工岗位调整为其他相关职业或岗位；15%的流出人员是由于身体或年龄因素退休。城市轨道交通信号工相对稳定，行业人才净流出较少，主要是在不同单位或企业间流动。这进一步说明了城市轨道交通信号工的整体稳定性较高。

17

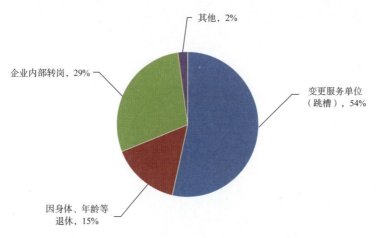

图3-4 城市轨道交通信号工流出去向

第二节 城市轨道交通信号工流动意向分析

从图3-5的分析结果来看，目前在岗的城市轨道交通信号工中85%没有考虑离职，15%的从业人员有离职考虑。整体来看，城市轨道交通信号工队伍较为稳定，现在岗的从业人员不易产生离职意向。

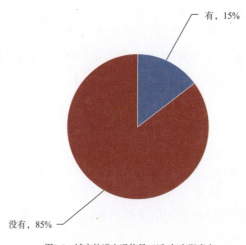

图3-5 城市轨道交通信号工近3年离职意向

第三章 | 城市轨道交通信号工供求分析

注：报告仅对城市轨道交通信号工的供求进行分析，采集了流动意愿，建议用人企业人力资源部门对愿意留用的从业者展开更进一步的升职意愿调查。

第三节 城市轨道交通信号工流动影响因素分析

一、招聘

从图3-6的分析结果来看，48.48%的受访企业表示存在城市轨道交通信号工"招聘难"的问题，面对众多应聘者，招聘到完全满足企业实际业务需要的人员存在一定的困难。这与城市轨道交通列车司机职业相比有很大差别，根据企业反映，城市轨道交通列车司机几乎不存在"招聘难"的问题（招聘难仅为4.1%），这与城市轨道交通列车司机普遍采用"订单式"培养招聘有关，这进一步体现出城市轨道交通信号工的"订单式"培养普及程度还有待加强。

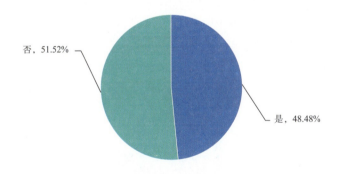

图3-6 企业关于城市轨道交通信号工是否存在"招聘难"问题的判断

由图3-7的分析可以看出，"招聘难"问题主要原因包括工资待遇没有优势（87.50%），工作技术水平要求较高、难度较大、培养周期长（62.50%），对口院校培养能力不足和市场专业对口供给不足等原因（62.50%），反映了目前城市轨道交通信号工在从业人员职业教育培养和评价方面还存在培评衔接不够紧密，从业人员的工资待遇未达到预期水平。

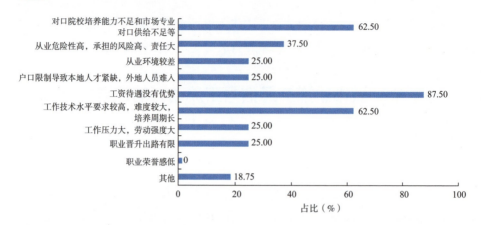

图3-7　城市轨道交通信号工"招聘难"问题的各类原因占比

二、留用

从图3-8的分析结果可以看出,近五分之二的受访企业表示城市轨道交通信号工存在"留不住"的问题,60.61%的受访企业表示不存在此问题。这其中,北京、上海、广州、深圳等均表示不存在此类问题。而大部分城市轨道交通运营线路较少、城市轨道交通发展刚刚起步的企业表示存在留不住从业人员的问题。

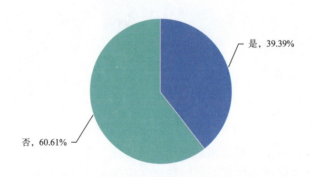

图3-8　企业关于城市轨道交通信号工是否存在"留不住"问题的判断

从图3-9中可以看出,城市轨道交通信号工"留不住"问题主要原因包括工资待遇没有优势(92.31%),行业内其他企业猎头公司施加影响(61.54%),职业危险性高、承担风险大(61.54%),工作枯燥、乏味、重复劳动多等原因(61.54%)。

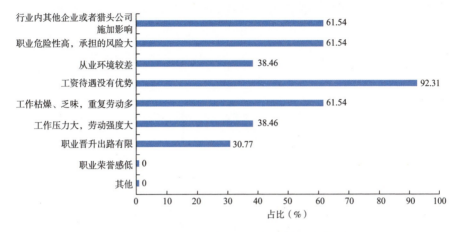

图3-9 城市轨道交通信号工"留不住"问题的各类原因占比

第四节 小 结

（1）整体来看，城市轨道交通信号工这一职业的从业人员队伍较为稳定，离职率低于道路运输行业平均水平，人才净流出较少，但行业内部流动性大。无论是流入或是流出，三、四线城市由于城市轨道交通起步晚、线路少，且人才引进政策优势不显著、体系不完善等情况而导致企业人员流动较北、上、广、深等一线城市轨道交通发展较为成熟、线路多、体系完整且具有良好的管理和治理能力的企业人员流动更为频繁。

（2）校园订单式招聘成为企业的最主要新进来源。虽然行业整体人员相对稳定，但部分企业面临"招聘难"的问题，主要体现在工资待遇没有优势。

第四章

城市轨道交通信号工培训开发与职业晋升

本章主要对城市轨道交通信号工培训开发和职业晋升进行分析，一定程度上反映了当前城市轨道交通信号工的培训和晋升的实际现状，以及城市轨道交通信号工对于培训和晋升的实际需求。

第一节 企业培训

一、培训形式

从图4-1的培训方式分布来看，企业排名前三的培训方式依次是企业集中授课，部门个别辅导和委托外部培训，分别有90.91%、57.58%、30.30%的企业覆盖率。

可以看出，无论是企业集中授课还是部门辅导，均属于企业内部培训。内部培训是为提高技能人员的素质、能力、工作绩效和对组织的贡献而在企业内部开展的一种具有计划性、系统性的培养和训练活动，其教学资源属于内部自有资源，如从业年限长、经验丰富、内评等级较高的专业技能人员。较委外培训，内部培训会大大降低培训成本、便于管理并减少风险。此外，根据了解，由于各地城市轨道企业因地制宜使用的轨道交通信号设备制式大多不一，内训较外训而言技术针对性也更强。

第四章 城市轨道交通信号工培训开发与职业晋升

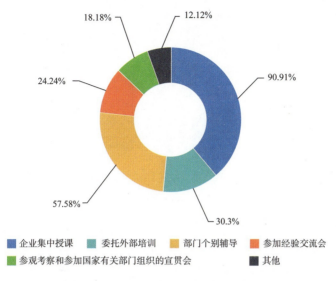

图4-1　城市轨道交通运营企业对信号工常用培训方式

二、培训内容

从图4-2的培训内容占比来看，对于几乎所有城市轨道运营类企业来说，城市轨道交通信号工专业业务技能是培训的首要重点。其次是安全文明从业意识和职业道德与诚信水平。在城市轨道交通运营领域，安全作业规范和安全上岗应知是城市轨道交通信号工就职前必须掌握的内容。此外，政策法规和专业知识的培训内容覆盖了50%以上的企业，近一半的企业培训开始将心理素质和抗压能力培训作为重要内容。分析来看，城市轨道交通信号工所需要的能力不局限于单一专业技能，需要形成综合化、全面化的能力来应对市场竞争，企业构建的是以专业能力为主、综合素质为辅的培训格局。

三、培训时长

图4-3~图4-5所示分别为城市轨道交通运营企业对信号工的岗前理论培训、模拟实操培训、工作现场培训的时长分布。近一半的城市轨道交通信号工岗前会接受4个月以上的理论知识培训。40%左右的从业人员会接受60天以内的岗前理论知识培训。

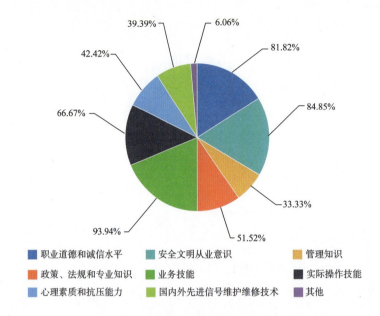

图4-2　城市轨道交通运营企业对信号工的培训内容情况

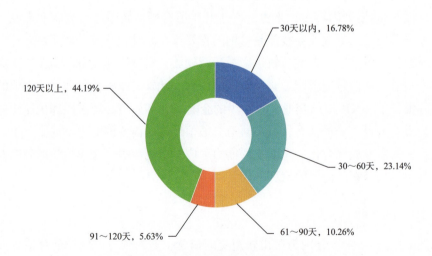

图4-3　城市轨道交通运营企业对信号工的岗前理论培训时长分布

城市轨道交通信号工的岗前模拟实操培训、工作现场培训的时长分布基本一致。35%左右的城市轨道交通信号工会接受4个月以上的岗前实操培训。近一半的城市轨道交通信号工会接受60天以内的实操培训。

第四章 | 城市轨道交通信号工培训开发与职业晋升

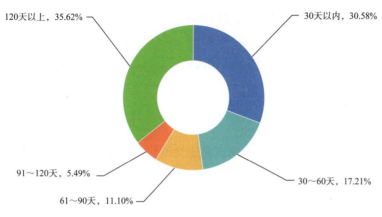

图4-4 城市轨道交通运营企业对信号工的岗前模拟实操培训时长分布

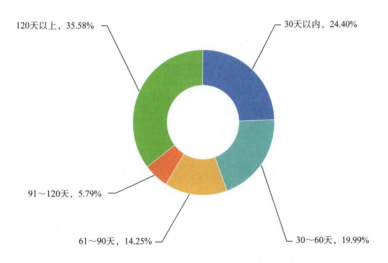

图4-5 城市轨道交通运营企业对信号工的岗前工作现场培训时长分布

城市轨道交通信号工的岗前模拟实操培训、工作现场培训的时长分布基本一致。35%左右的城市轨道交通信号工会接受4个月以上的岗前实操培训。40%左右的城市轨道交通信号工接受培训周期在1~2个月之间的实操培训。

无论是理论还是实操培训，接受4个月及以上周期培训的从业人员占比最高，此外2个月和1个月的培训周期也有近三分之二的占比。总体来看，城市轨道交通企业普遍重视员工培训，城市轨道交通信号工培训时间较长。

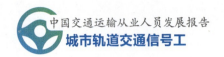

第二节 培训需求与培训资源开发

一、培训需求

如果仅针对参与此次调查的城市轨道交通信号工来看，希望受到信号故障应急处理能力培训的从业人员占比77.26%，主要培训需求包括信号维护及维修实操技能及信号维护方案设计能力等专业技能，如图4-6所示。

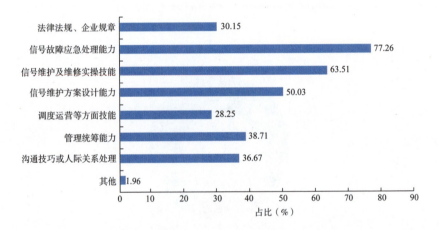

图4-6 按照培训内容划分的从业人员培训需求分布情况

此外，培训需求因人而异。造成这一现象的原因是不同群体胜任力和岗位要求不同。胜任力是能否胜任岗位的重要保障。这里分别以工作时间和学历两个维度具体分析城市轨道交通信号工的培训需求。

从图4-7中可以看出，无论从业时间多长，城市轨道交通信号工最为注重的都是专业技能。但是随着从业时间的延伸，技能类培训需求的占比在逐渐递减，从业时间为3年及以下、3~6年、6~10年、10~15年和15年以上的城市轨道交通信号工对信号故障应急处理能力的培训需求分别是83.02%、76.2%、73.24%、68.41%、65.86%，而管理统筹能力和沟通技巧和人际关系处理能力随着从业年限的延伸在需求占比逐渐提高。

第四章 | 城市轨道交通信号工培训开发与职业晋升

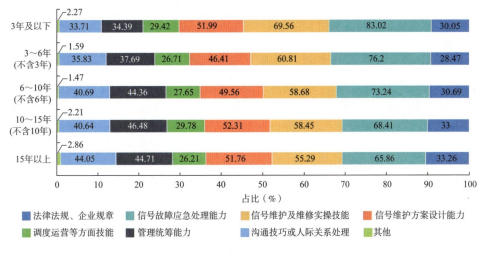

图4-7 按照从业时间划分的信号工的培训需求

从图4-8中可以看出,随着从业时间的延伸,信号应急故障处理能力培训需求的占比在逐渐递减,而信号维护方案设计能力培训需求占比在逐渐提高。可发现,随着学历的提升,管理统筹能力、沟通技巧和人际关系处理能力需求占比呈现先逐渐提高后骤然下降的现象,硕士研究生学历成为最注重沟通谈判和管理统筹能力培养的群体。对于博士研究生学历的从业人员来说,实操技能与应急设计方面的培训很受欢迎,体现了其对理论规划和实施操作的重视。

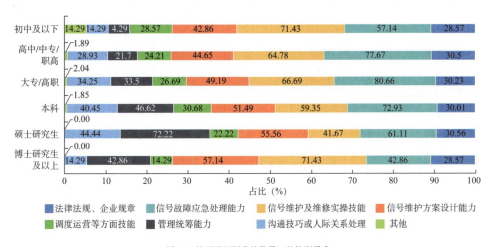

图4-8 按照学历划分的信号工的培训需求

27

二、培训资源开发

从图4-9的分析结果来看，对于大部分的城市轨道运营企业来说，理论教学、实训室实操教学和工作现场实操教学依然是重中之重。值得注意的是，研讨、论坛和沙龙等交流会议也在培训资源开发期望中具有一定的占比。

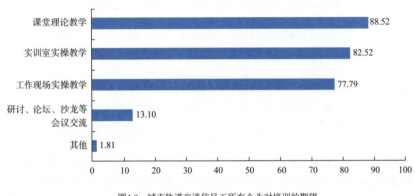

图4-9 城市轨道交通信号工所在企业对培训的期望

第三节　晋升渠道与晋升意愿

城市轨道交通信号工的晋升渠道主要分为三类：技术岗、高技能人才岗和管理岗。

管理岗位：中高层管理岗位，参与和承担部门乃至企业日常管理工作。

技术岗位：承担一线职工管理工作，能够安排各项工作进度、对一线维护工作进行统筹协调，对信号维保工作总体负责。

高技能人才岗：承担核心方案设计、解决核心难题；统领企业内部技能人员培训、评价、考核工作。

一、晋升渠道

从图4-10所示的晋升方向来看，技术岗成为城市轨道交通信号工的主要晋升方向。83%的城市轨道交通信号工为技术岗。值得注意的是，高技能人才岗同管理岗占比相当，晋升方向占比为10%。

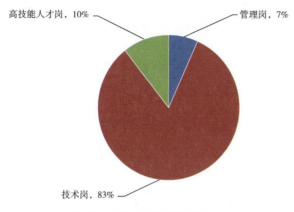

图4-10 城市轨道交通信号工晋升方向

二、晋升意愿

从图4-11所示的期望晋升方向来看,管理岗成为城市轨道交通信号工的主要期待晋升方向。50.02%的从业人员期望晋升渠道为管理岗。技术岗和高技能人才岗的期望占比分别为26.71%和23.26%。晋升期望与岗位晋升方向呈现相反的特征。

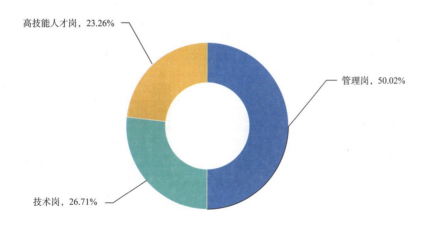

图4-11 城市轨道交通信号工期望晋升方向

从城市轨道交通信号工发展通道的角度来看,城市轨道运营企业的员工发展体系大致为纵向的发展通道模式。纵向通道是指设置管理、技术、高技能人才等多个发展通道，但通道相互区隔，一个职位只能向高级职位纵向发展。本次调查的企业多数建立了纵向通道，但技术、技能与管理类岗位之间互通的多元网络化的职业发展通道尚未健全。

三、晋升年限[1]

从图4-12的分析结果来看，不同岗位的平均晋升年限存在较大差异。只有管理岗的极少数员工和技术岗的少数员工在入职3年以内完成了职位或职称的晋升。3~6年的人员晋升年限以技术岗的晋升为主，伴有部分管理岗和极少数高技能人才岗位晋升。6~10年的人员晋升年限以管理岗晋升为主，同时技术岗的晋升比例达到38%，至历段年限最高，伴有少部分的高技能人才岗晋升。10年以上的人员晋升年限以高技能人才岗为主，同时伴有较6~10年人员晋升年限下降的管理岗晋升占比，技术岗晋升占比也呈下降趋势。随着岗位职级的提升，晋升难度随之加大，晋升所需年限也呈逐渐变长的趋势。这一现象也与企业实际运作情况类似。

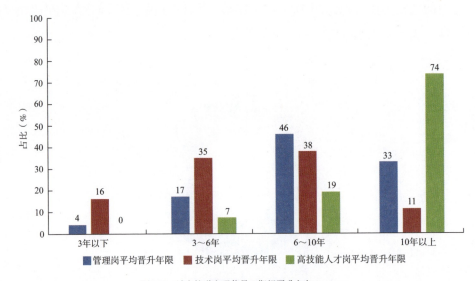

图4-12 城市轨道交通信号工期望晋升方向

---

[1] 由于各个企业晋升条件区别很大，为了保证能够有相对客观的评价指标来分析晋升情况，报告只对晋升年限的要求进行了调查，条件具有很大的个体差异性，因而本报告选取相对客观的年限来分析晋升情况。

第四节 小 结

（1）城市轨道交通信号工的培训形式较为丰富。企业培训工作重点为行业知识和专业技能。培训需求则呈现出由专业技能向管理统筹发展的趋势，不同从业年限与不同学历的从业人员群体在培训需求上呈现差异性。信号故障应急能力是最为受关注的能力，这也是今后企业和行业开展城市轨道交通信号工培训、提升从业人员技能水平的重点。

（2）从职位晋升方面，存在城市轨道交通信号工晋升方向与晋升期望不匹配的现象，企业管理岗位设置较少，但从业人员的晋升期望却比较强烈。岗位晋升同时带来晋升难度逐渐加大的情况，并且晋升年限也逐渐增长，表明城市轨道交通信号工整体的职业发展通道仍需进一步完善。

第五章

城市轨道交通信号工的薪酬与福利

薪酬是员工因向所在的组织提供劳务而获得的各种形式的酬劳。狭义的薪酬指货币和具有转化为货币功能的报酬。本章所说的薪酬，除狭义的薪酬外，还包括福利待遇、绩效与职业发展机会等。本章从工资收入、期望收入和福利待遇对城市轨道交通信号工薪酬与福利状况进行统计和分析。

第一节　收入情况

一、整体收入水平分析（不含五险一金，税后）

从图5-1~图5-3来看，可以明显发现，城市轨道交通信号工在2018—2020年的3年间，平均月收入在3000元以下的从业者占比减少了22%以上。平均月收入在5000~7000元之间的从业者占比增加了15%以上，平均月收入在7000元以上的从业者占比提高了3%。虽然3000~5000元收入的从业者占比没有明显的变化，但根据其他区间变化情况可以分析得知，该区间存在人员流入和流出。城市轨道交通信号工整体人均年收入约6.42万元（不含五险一金，税后）。

从图5-4的分析对比来看，平均月收入在5000~7000元之间的城市轨道交通信号工占比明显提升，3000元以下月均收入的从业人员占比明显下降。本职业从业人员收入具有显著的、持续的向好趋势。

第五章 | 城市轨道交通信号工的薪酬与福利

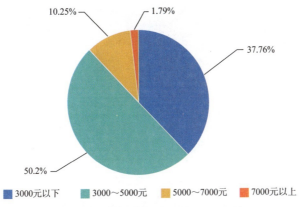

图5-1 城市轨道交通信号工2018年平均月收入情况

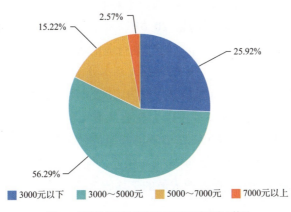

图5-2 城市轨道交通信号工2019年平均月收入情况

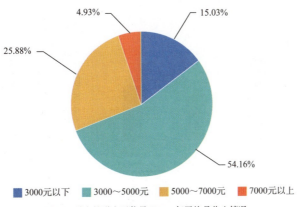

图5-3 城市轨道交通信号工2020年平均月收入情况

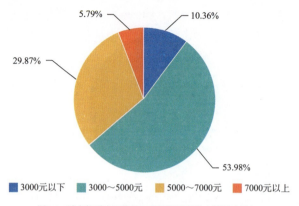

图5-4 城市轨道交通信号工目前平均月收入情况（约）

2020年，全国规模以上企业从业人员平均收入为75229元。根据接受调查的城市轨道运营企业给出的相关数据，2020年城市轨道交通信号工的平均收入约为9万元（税前收入，含五险一金）。与其他行业的规模以上企业从业人员的年均收入相比，城市轨道交通信号工平均年收入基本处于中等水平。据调查，科学研究和技术服务业规模以上企业从业人员的年均收入属于高线，达到13.54万元；水利、环境和公共设施管理业规模以上企业从业人员的年均收入属于低线，为5.18万元。从图5-5的分析得知，城市轨道交通信号工与交通运输、仓储和邮政行业的规模以上企业就业人员的年均收入相近，前者为9.13万元，后者为9.21万元，高于建筑业规模以上企业就业人员的年均收入。

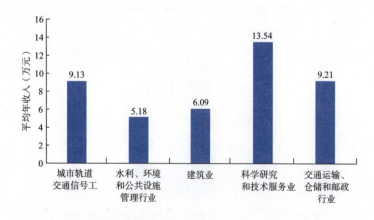

图5-5 城市轨道交通信号工与其他行业从业者平均年收入情况

二、从业时长分析

对于城市轨道交通信号工，其收入受从业时长影响而具有明显差异。从图5-6中可以看出，进入岗位3年及以下的从业人员，月均收入主要为3000~5000元；而随着从业年限的增长，月均收入为3000元以及3000~5000元的从业人员占比逐渐下降，而月均收入为5000~7000元和7000元以上的从业人员占比逐渐上升，这符合从业人员职业发展趋势和企业薪资分布特征。

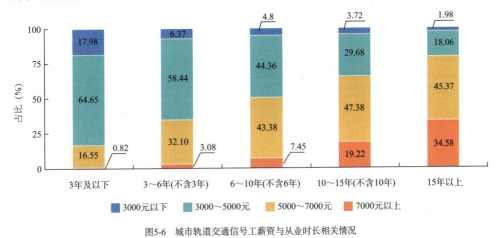

图5-6 城市轨道交通信号工薪资与从业时长相关情况

三、学历分析

对于城市轨道交通信号工，其收入受最高学历影响而具有明显差异。从图5-7中可以看出，最高学历在初中及以下的从业人员，月均收入主要为3000元以下；在高中、本科阶段，随着最高学历的提升，月均收入分布情况没有较为明显的差异，但是最高学历为硕士研究生的从业人员，较前几类具有明显的收入占比优势。但是，数据中最高学历为博士研究生的从业人员的收入特征却存在相反且极端的现象，针对其中收入为3000元以下的从业人员进行回采后发现，存在此现象的原因主要有两方面：一是对信号工一线从业人员来说，实操技能较理论知识具有更为重要的地位；二是企业的薪资体系在技能类人员中缺少对超高学历从业人员的评价规范，薪资体系有待进一步完善。此外，据进一步了解，接受普通高等教育与成人教育（或全日制与非全日教育）的薪资也会有所区别。如有部分从业人员本科学历是进入企业后，通过成人教育取得的。对同样是本科学历的员

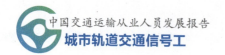

工,全日制与非全日制在职业规划、职级晋升、报酬上是有所区别,长远来看,对其晋升发展上限也会有所影响。

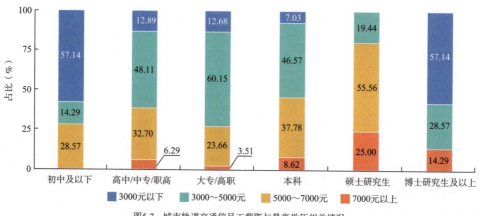

图5-7 城市轨道交通信号工薪资与最高学历相关情况

第二节 期望收入情况

从图5-8来看,城市轨道交通信号工从业人员期望平均年收入分为5个区间,其中期望年均收入在10万~15万元之间和15万~20万元之间的从业人员占比均为最高36.75%;期望年收入在20万元以上的从业人员占比14.67%;仅有11.84%的从业人员期望年收入在10万元以下。从实际收入和期望收入对比来看,从业人员对目前收入水平不满足。

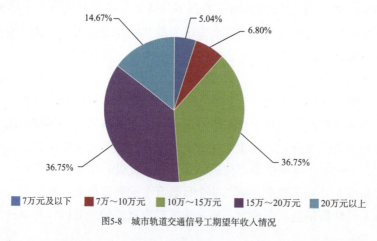

图5-8 城市轨道交通信号工期望年收入情况

第五章 | 城市轨道交通信号工的薪酬与福利

第三节 福利保障

从图5-9来看，城市轨道交通信号工福利待遇情况整体符合企业应该向职工提供的基本待遇。基本所有从业人员都具有企业代缴"五险一金"的待遇。值得关注的是，在此调查项中加入了疗休养制度、岗位培训、职工帮扶金和免费体检等相关福利项。从调查结果来看，大部分企业都会定期为职工提供体检、年节礼品发放以及岗位培训三个方面的福利待遇。有33.74%的从业人员享有困难职工帮扶金福利，四分之一的从业人员享有住房补贴或职工宿舍。此外，在疗休养制度和带薪年休假方面，从业人员所享有的待遇很好地满足了高压、高强度工作下的调整需求。与道路运输行业的道路客货运输领域相比，城市轨道交通企业多为国有企业或国有股份，组织化和规范化程度高，缴纳"五险一金"的比例大大高于巡游出租汽车驾驶员、网络预约出租汽车驾驶员、普通货物运输驾驶员、机动车驾驶培训教练员等职业（不足50%）。

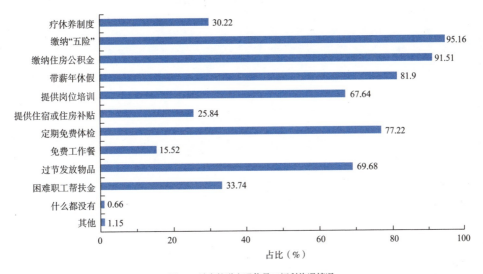

图5-9 城市轨道交通信号工福利待遇情况

第四节 小 结

（1）收入整体情况方面，城市轨道交通信号工的收入增长在近3年呈现出稳定的、持续的向好态势，城市轨道交通信号工的收入在全行业内处于中等水平。

（2）收入相关因素方面，城市轨道交通信号工的从业时长与收入水平呈正向相关性。从业人员学历水平与收入呈一定相关性，硕士研究生学历的从业人员在行业中收入普遍更高。

（3）福利待遇方面，"五险一金"、带薪年休假待遇基本覆盖全部行业；城市轨道交通运营工作具有高度的临时性和突发性，大部分从业人员也享有职工宿舍或住房补贴。超过三分之二的从业人员都享有定期免费体检待遇，这对于长期从事高危、高压、高强度特征工作的从业人员健康维护起到了很重要的作用。城市轨道交通信号工的职业特点是日常工作需要值守在线路上，客观条件下无法实现固定餐点用餐，部分企业给予一定金额餐补的形式提供了类似福利，但免费工作用餐这一福利实施力度仍不够大，从业人员覆盖还不够广，待进一步健全餐宿补助体系。

第六章

城市轨道交通信号工满意度现状与影响因素

工作满意度通常是指人们在组织内进行工作的过程中，对工作本身及其有关方面有良性感受的心理状态。量化来看，工作满意度包括工作本身、报酬、晋升机会、同事和上司认可度等方面。在企业人力资源管理中，工作满意度常常作为评价从业人员工作态度的一项重要指标。

本章将分析城市轨道交通信号工的工作满意度现状，通过物理环境因素、社会因素和个人因素三个方面分析从业人员工作满意度的差异。

为了便于分析处理，本章将城市轨道交通信号工满意度相关项目进行了量化赋值处理，数值由小到大表明满意度逐渐上升，见表6-1。

问卷项目与赋值对应表　　　　　　　　　　表6-1

项 目	数 值				
	5	4	3	2	1
岗位满意度	非常满意	比较满意	一般满意	不太满意	不满意
薪酬满意度	非常满意	比较满意	一般满意	不太满意	不满意
福利待遇满意度	非常满意	比较满意	一般满意	不太满意	不满意
工作和休息时间满意度	非常满意	比较满意	一般满意	不太满意	不满意

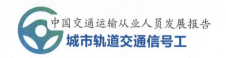

第一节 工作满意度现状

本节将从岗位整体、薪酬、福利待遇、工作和休息时间四个方面来反映目前城市轨道交通信号工的工作满意度情况。本节所有数据来源于接受调查的从业人员的自我评价。

一、岗位现状

从表6-2中数据分析来看,在总体岗位满意度方面,城市轨道交通信号工对其岗位满意度均值为3.50,可见城市轨道交通信号工对目前的工作更倾向于满意的状态,整体人员态度介于一般满意与比较满意之间。

城市轨道交通信号工满意度分析的描述统计　　表6-2

项　　目	满意度极小值	满意度极大值	均　　值
岗位满意度	1	5	3.50

从图6-1中可以看出,非常满意占比9.27%,比较满意占比42.74%,一般满意占比38.33%,不太满意占比7.08%,不满意占比2.57%。

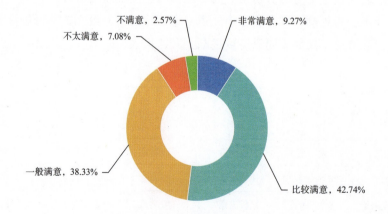

图6-1　城市轨道交通信号工对岗位现状满意度

二、薪酬现状

从表6-3中数据分析可知,在薪酬满意度方面,城市轨道交通信号工对其薪酬满意度均值为2.50,可见城市轨道交通信号工对目前的薪酬更倾向于一般满意的状态,整体人员态度介于不太满意与一般满意之间。一般满意及以上的占51.9%,与道路运输行业从业人员整体水平(51%)持平。

城市轨道交通信号工满意度分析的描述统计　　　　表6-3

项　目	满意度极小值	满意度极大值	均　值
薪酬满意度	1	5	2.50

从图6-2可以看出,非常满意占比1.69%,比较满意占比12.26%,一般满意占比37.91%,不太满意占比30.67%,不满意占比17.47%。

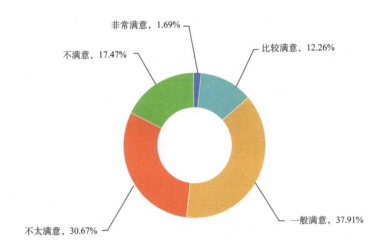

图6-2　城市轨道交通信号工对薪酬现状满意度

三、福利现状

从表6-4中数据分析可知,在福利待遇满意度方面,城市轨道交通信号工对其福利待遇满意度均值为3.35,可见城市轨道交通信号工对目前的福利待遇更倾向于一般满意的状态,整体人员态度介于一般满意与比较满意之间。

城市轨道交通信号工对福利待遇满意度分析的描述统计　　　　表6-4

项　目	满意度极小值	满意度极大值	均　值
福利待遇满意度	1	5	3.35

从图6-3中可以看出，非常满意占比6.66%，比较满意占比40.66%，一般满意占比38.03%，不太满意占比10.3%，不满意占比4.36%。

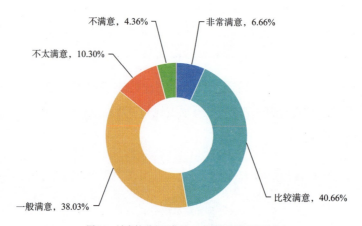

图6-3　城市轨道交通信号工对福利待遇现状满意度

四、工作和休息时间现状

从表6-5中数据分析可知，在对工作和休息时间满意度方面，城市轨道交通信号工对其工作和休息时间满意度均值为3.56，可见城市轨道交通信号工对目前的工作和休息时间更倾向于"比较满意"的状态，整体人员态度介于一般满意与比较满意之间。

城市轨道交通信号工满意度分析的描述统计　　　　表6-5

项　目	满意度极小值	满意度极大值	均　值
工作和休息时间满意度	1	5	3.56

从图6-4中可以看出，非常满意占比13.43%，比较满意占比43.14%，一般满意占比33.16%，不太满意占比7.03%，不满意占比3.24%。

第六章 | 城市轨道交通信号工满意度现状与影响因素

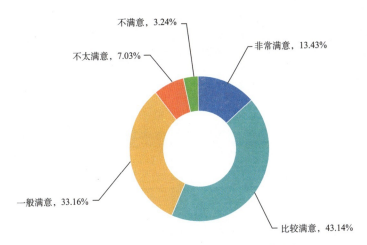

图6-4 城市轨道交通信号工对工作和休息时间现状满意度

第二节 工作满意度分析

一、个体因素

（1）性别差异。

从图6-5中可以看出，城市轨道交通信号工女性与男性从业人员在满意度分布上基本一致，但是女性从业者较男性从业者的倾向于中间满意度的占比更高。有84.71%的女性从业者满意度为"比较满意"和"一般满意"，而80.41%的男性从业者在此区间内。这种差异可能是与不同性别的从业人员对薪酬水平的预期不同相关。

（2）年龄差异。

从图6-6中可以看出，城市轨道交通信号工不同年龄段的从业人员在满意度分布比例上基本具有相同特性，但是从22~40岁的5个年龄段上可以发现，非常满意的占比在逐渐下降，但从41岁以上年龄段的占比又开始逐渐上升。这种差异可能同工作上升期年龄峰值具有一定相关性，40岁之前，进入岗位后从业人员属于自我不满足的上升期，40岁之后则是从业人员开始接纳自我，享受当下的稳定期，因此，心态随之发生变化。

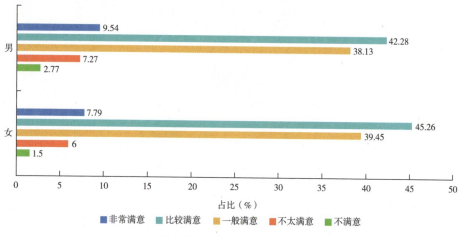

图6-5 不同性别的城市轨道交通信号工对岗位现状满意度

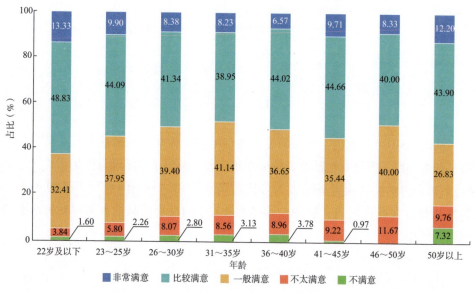

图6-6 不同年龄的城市轨道交通信号工对岗位现状满意度

（3）教育程度差异。

从图6-7中可以看出，不同教育程度的城市轨道交通信号工在工作满意度上也存在较大差异，数据表明，初中及以下学历和博士研究生及以上学历的从业人员整体满意度水平相对较低。这种差异可能与工作能力与岗位胜任力存在相对不协调的情况相关，也可能与自身期望与实际薪酬、福利、职业发展的不匹配等因素有关。

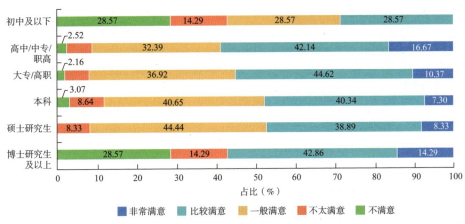

图6-7　不同教育程度的城市轨道交通信号工对岗位现状满意度

二、企业管理因素

（1）休息时间差异。

从图6-8中可以看出，城市轨道交通信号工日常节假日休息时长对工作满意度具有明显影响。无休息日和休息日不到1天的从业人员不满意的占比明显高于休息日正常的从业人员。

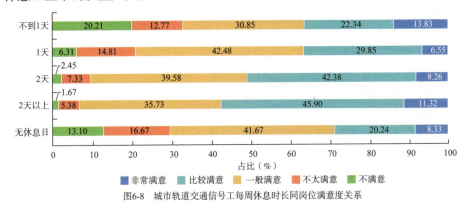

图6-8　城市轨道交通信号工每周休息时长同岗位满意度关系

（2）福利待遇差异。

从图6-9中可以看出，城市轨道交通信号工享有福利待遇情况对工作满意度具有明显影响。没有任何福利待遇的从业人员不满意的占比高达12.68%。

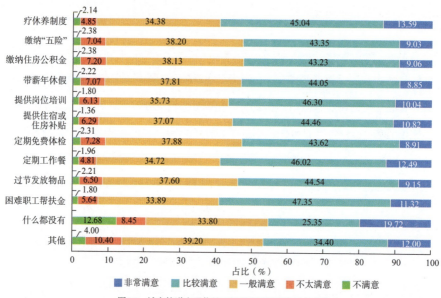

图6-9 城市轨道交通信号工福利待遇同岗位满意度关系

三、社会环境因素

（1）家人支持状况。

从图6-10中可以看出，城市轨道交通信号工从业人员的家人对其从事工作支持与否对从业人员工作满意度具有非常显著的影响。家人非常支持从事此行业的从业人员非常满意占比达到44.2%，而家人反对从事此行业的从业人员"不满意"的占比高达60.26%。

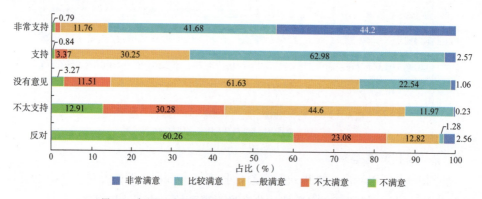

图6-10 家人是否支持从事城市轨道交通信号工工作同岗位满意度关系

（2）同事合作状况。

从图6-11可以看出，在工作中与同事沟通交流频率与城市轨道交通信号工的工作满意度也有密切关联。对于在工组中经常与同事沟通的从业人员非常满意占比占14.31%、不满意占比仅有2.89%；而在工作中不沟通的从业人员非常满意占比为4.08%，但不满意占比高达12.24%。

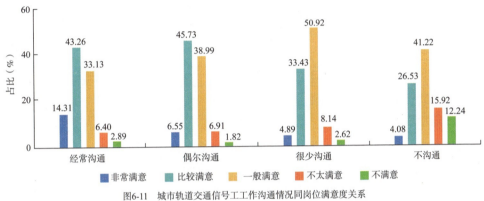

图6-11　城市轨道交通信号工工作沟通情况同岗位满意度关系

第三节　小　　结

影响工作满意度的因素有三个方面，一是个体因素。性别、年龄、教育程度等差异是影响工作满意度的主要个体因素。二是企业管理因素，休息时间、福利待遇以及岗位能力发挥程度等差异是影响工作满意度的主要企业管理因素。三是社会环境因素，领导的信任度、同事的合作程度、家人的支持程度等是影响工作满意度的主要社会环境因素。从以上数据分析，城市轨道交通信号工对其工作基本认可，整体处于一般满意到比较满意之间，整体满意度中等偏上。

第七章

城市轨道交通信号工职业健康

本章主要对城市轨道交通信号工职业健康情况进行了调查和分析，一定程度上反映了当前城市轨道交通信号工的工休和健康的实际现状，以及城市轨道交通信号工从业者对于工休和健康保障的实际需求。

第一节 工作时间和休息状况

一、平均天工作时长

从图7-1中可以看出，44.31%的城市轨道交通信号工每日工作时长在8~10h之间，该工作时长在从业人员中占比最大。工作时长在6~8h之间的城市轨道交通信号工占比33.05%，占比第二。有17.5%的日均工作时长在10~12h之间。极少数城市轨道交通信号工日均工作时长少于6h或多于12h。

二、平均周休息时长

从图7-2中可以看出，平均每周休息时长为2天的城市轨道交通信号工占比最大，达到60.9%。有33.65%的城市轨道交通信号工平均每周休息时长可以在2天以上，该休息时长占比第二。有3.8%的城市轨道交通信号工平均每周休息1天。几乎没有城市轨道交通信号工无休息日或休息时长不到1天。

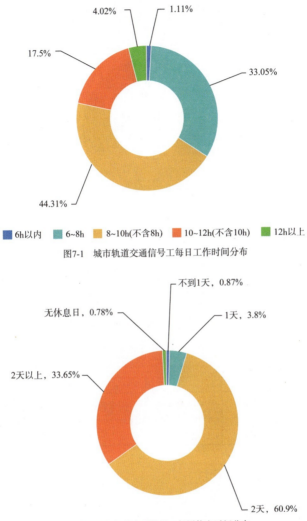

图7-1 城市轨道交通信号工每日工作时间分布

图7-2 城市轨道交通信号工每周休息时间分布

第二节 工作压力状况

从图7-3中可知，有46.8%的城市轨道交通信号工认为压力较大，认为压力很大的城市轨道交通信号工占24.45%，认为压力一般的城市轨道交通信号工占比为27.42%，几乎没有人在无压力或微压力状态下工作。

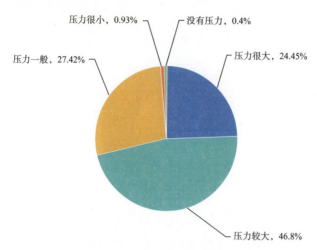

图7-3 城市轨道交通信号工自我报告压力分布状况

为了便于分析处理,本节对城市轨道交通信号工压力相关项目进行了量化赋值处理,数值由小到大表明紧张程度逐渐上升,见表7-1。

问卷项目与赋值对应表　　　　　表7-1

项　目	数　值				
	5	4	3	2	1
工作任务紧迫性	非常紧迫	比较紧迫	正常程度	比较轻松	非常轻松
工作环境	非常好	比较好	一般	不太好	不好

一、工作条件方面的压力

(1)工作任务紧迫性。

根据图7-4结果显示,有15.19%的城市轨道交通信号工认为工作任务非常紧迫,44.08%的城市轨道交通信号工认为工作任务比较紧迫,39.28%的城市轨道交通信号工认为工作任务是正常程度,少数城市轨道交通信号工认为工作任务轻松。

从表7-2中数据分析可知,在工作任务紧迫性方面,城市轨道交通信号工对其工作任务紧迫性均值为3.73,可见城市轨道交通信号工认为目前的工作任务更倾向于比较紧迫的状态,整体人员态度介于比较紧迫与正常程度之间。

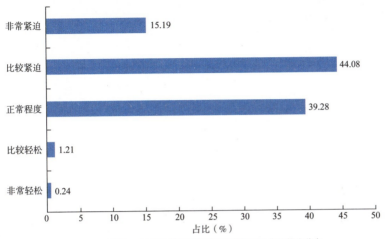

图7-4　城市轨道交通信号工工作紧迫性自我报告分布

城市轨道交通信号工工作紧迫性分析的描述统计　　　表7-2

项　目	紧迫性极小值	紧迫性极大值	均　值
工作任务紧迫性	1	5	3.73

（2）工作环境情况。

从表7-3中数据分析可知，在工作环境评价方面，城市轨道交通信号工从业人员对其工作环境评价均值为3.43，可见城市轨道交通信号工对目前的工作环境评价更倾向于一般的状态，整体人员态度介于一般与比较好之间。

城市轨道交通信号工工作环境的描述统计　　　表7-3

项　目	极　小　值	极　大　值	均　值
工作环境	1	5	3.43

从图7-5中可以看出，非常好占比10.23%；比较好占比39.53%；一般占比38.03%；不太好占比7.83%；不好占比4.37%。

二、身心健康方面的压力

从图7-6可知，造成城市轨道交通信号工压力大的主要成因是工作突发情况多，精神高度紧张；工作作息混乱；薪酬或福利未达到心理预期等方面。

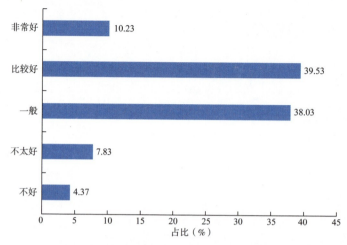

图7-5　城市轨道交通信号工对工作环境自述情况分布

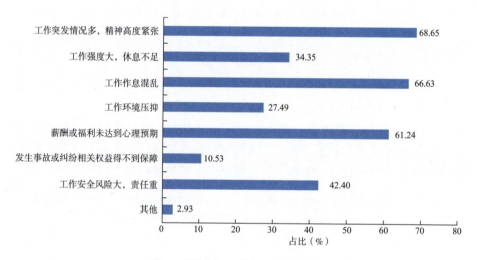

图7-6　城市轨道交通信号工压力来源分布

三、患病情况

从图7-7中可知，颈椎病、腰椎病、消化道疾病和呼吸道疾病成为城市轨道交通信号工最易患上的常见病。有25.3%的城市轨道交通信号工患有颈椎病，21.92%的城市轨道交通信号工患有腰椎病；其次，16.52%的城市轨道交通信号工患有消化道疾病，16.70%的城市轨道交通信号工患有呼吸道疾病。城市轨道交通信号工因工作时间长,需要长时间伏身,颈、腰、背等肌肉长时间处于紧张状态,易发生劳损,导致患上颈椎病等疾病。此外,城市轨道交通信号工的工作环境常在地下,且工作具有突发性、临时性特征,地下空气含有许多较大尘粒,并且突发性工作会影响餐饮习惯。久而久之易患呼吸道疾病和消化道疾病。

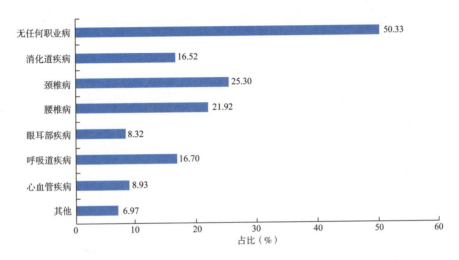

图7-7 城市轨道交通信号工职业病分布

第三节 小 结

(1)工作条件上看,城市轨道交通信号工虽然能够保证足够的休息,但工作环境条件差,对从业人员的身体健康会造成一定负面的影响。

(2)从心理健康上看,由于该职业具有突发性、紧迫性特征,并且同乘客财产生命安全关联很大,对城市轨道交通信号工来说,工作过程会产生较大的、持续性的心理压力,这也越来越成为城市轨道运营企业关注的从业人员健康重点。

(3)从职业防护上看,城市轨道交通信号易患颈椎病、腰椎病、消化道疾病和呼吸道疾病,职业防护和从业环境改善需要加强。

第八章

城市轨道交通信号工职业资格
工作发展情况

本章着重介绍城市轨道交通信号工对本职业资格工作了解的情况，并通过了解从业人员对职业资格工作的看法，为下一步职业资格工作提供指导性意见和开展方向。

第一节 《城市轨道交通信号工国家职业技能标准（2019年版）》了解情况

2019年12月，《城市轨道交通信号工国家职业技能标准（2019）》由人力资源和社会保障部、交通运输部共同颁布，这一标准是以《中华人民共和国职业分类大典（2015年版）》为依据，按照《国家职业技能标准编制技术规程（2018年版）》有关要求，对城市轨道交通信号工的职业活动内容进行了规范描述。标准将城市轨道交通信号工职业（工种）分为五级/初级工、四级/中级工、三级/高级工、二级/技师、一级/高级技师五个等级，并对等级从业者的技能水平和理论知识水平进行了明确规定，为开展我国城市轨道交通信号工职业技能培训、评价等提供了重要的指导方向和规范依据。

从图8-1中可以看到，15.38%的城市轨道交通信号工对国家职业技能标准一直关注，并且清楚如何获取最新标准；21.99%的城市轨道交通信号工比较关注，但还未看过国家职业技能标准；30.18%的城市轨道交通信号工知晓国家职业技能标准颁布，在等待印发；其他32.45%的城市轨道交通信号工不清楚国家职业技能标准有关情况。

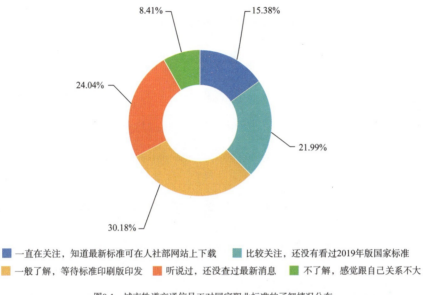

图8-1　城市轨道交通信号工对国家职业标准的了解情况分布

第二节　从业人员对职业技能等级认定工作的观点情况

从图8-2中可以看到，29.94%的城市轨道交通信号工了解职业技能等级认定工作，并希望所在企业能成为试点；28.86%的城市轨道交通信号工了解该工作，但认为目前的职业评价方式就可以；25.48%的城市轨道交通信号工不了解该工作，但认为本企业职业评价体系需完善；10.29%的城市轨道交通信号工不了解该工作，并认为目前的职业技能评价方式就可以；5.43%的城市轨道交通信号工持开放看法。

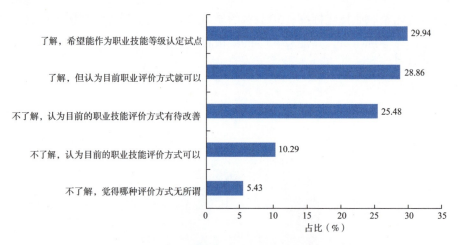

图 8-2 城市轨道交通信号工对职业技能等级认定的观点情况

第三节 从业人员对交通运输职业资格管理部门组织开展城市轨道交通信号工职业技能等级认定工作的观点情况

如图 8-3 所示，65.82% 的城市轨道交通信号工对交通运输职业资格管理部门组织开展职业技能等级认定持支持态度，7.48% 的从业人员持反对观点并希望所在企业能成为试点，26.7% 的从业人员持开放态度。

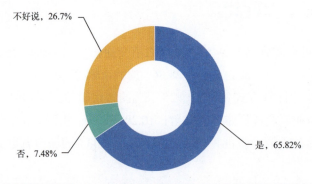

图 8-3 城市轨道交通信号工对交通运输职业资格管理部门组织开展职业技能等级认定的观点情况

第八章 | 城市轨道交通信号工职业资格工作发展情况

第四节 小 结

60%以上的城市轨道交通信号工了解国家职业技能标准的情况,行业内大多数从业人员对国家职业技能标准比较关注。55%以上的从业人员希望完善或开展新的城市轨道交通信号工职业技能等级认定工作。大多数城市轨道交通信号工对交通运输职业资格管理部门组织开展职业技能等级认定表示支持。建议尽快开发城市轨道交通信号工培训教材和题库,建立职业技能等级培训和认定机构或组织,培养一批培训师和考评员,组织有条件的企业为开展城市轨道交通信号工职业技能等级认定进行试点,从而为全面展开职业技能等级认定做好充分准备。

第九章

改善城市轨道交通信号工从业状况的建议

本章主要对城市轨道交通信号工择业原因及从业前景展望等进行调查和分析,并从笔者角度提出改善城市轨道交通信号工职业状况的建议和措施。

第一节 城市轨道交通信号工从业原因调查

如图9-1所示,城市轨道交通信号工从业的主要原因是谋生手段。其次是收入稳定和看好行业发展趋势。

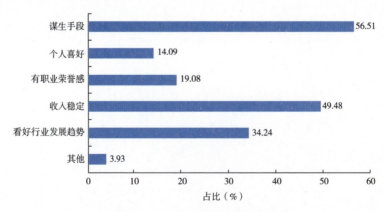

图9-1 城市轨道交通信号工从业原因分布

第九章 | 改善城市轨道交通信号工从业状况的建议

如图9-2所示,有96.86%的城市轨道交通信号工不打算离开此岗位,体现出从业人员具有较强的责任心和稳定力。结合近3年城市轨道交通信号工离职率仅为8.6%,说明城市轨道交通信号工群体的整体稳定性较高。

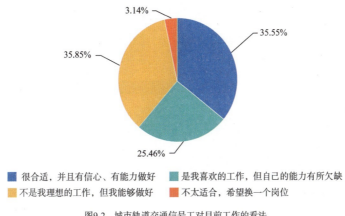

图9-2 城市轨道交通信号工对目前工作的看法

第二节 城市轨道交通信号工从业前景展望

如图9-3所示,有39.1%的从业人员对该职业的前景持看好态度。22.85%的人认为要看个人机遇。这表明从业人员对职业前景整体持谨慎乐观的态度。

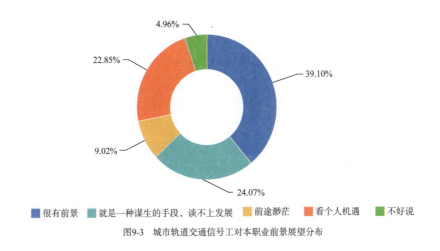

图9-3 城市轨道交通信号工对本职业前景展望分布

59

第三节　从业人员对城市轨道交通运营企业的建议

如图9-4所示，城市轨道交通信号工最突出的问题就是工资薪酬水平期望值同实际企业赋值不能很好地统一。

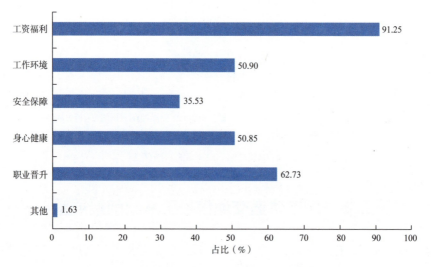

图9-4　城市轨道交通信号工对本职业改进方向的期望分布

第四节　改善城市轨道交通信号工职业状况的建议和措施

建设交通强国是以习近平同志为核心的党中央立足国情、着眼全局、面向未来作出的重大战略决策。技能人才队伍建设是人才强国战略的重要支撑，是全面建设社会主义现代化国家的内在要求。在这样的背景下，对城市轨道交通信号工的队伍建设和科学发展提出了更高的要求。这两年，随着城市轨道交通发展速度加快，城市轨道交通运营企业对从事城市轨道运营服务、信号维护等人才的需求量也越来越大，技能人才的管理要强调和关注人才可持续、成体系发展。

本次调查共收集到城市轨道交通信号工职业状况相关建议38条，主要涉及改善工作环境、完善职业发展体系、规范行业评价标准3个方面。完善职业发展体系共有25条，占比66%，主要围绕开发培训资源、拓宽晋升通道、完善薪酬激励等；改善工作环境的建议有7条，占比18.40%，主要围绕改善作业工作环境、改善沟通交流工作环境等；规范行业评价标准建议有6条，占比15.70%，主要围绕在国家职业技能标准的基础上，规范各企业职业技能等级认定工作章程。

（1）开发从业人员培训资源。

开发创新培训方式，健全传统培训方法。结合城市轨道交通信号工工作需求制定培训方案和课程，录制视频课件，通过互联网等新媒体手段建立城市轨道交通信号工在线培训平台。

（2）建立网状晋升通道。

在行业发展多元化的新形势下，城市轨道交通运营企业对职工的需求已经不再是单一技术型或管理型人才，而是具有较强的资源整合能力的综合性人才。城市轨道交通信号工的晋升方向和晋升期待具有较大差异，不仅要建立"技术岗位—高技能人才岗位—管理岗位"的纵向晋升通道，还要创造科学的、完善的横向发展可能，从而形成网状晋升通道，对岗位晋升为不同层次的人才发展做好制度支持。

（3）健全从业人员身心保障体系。

对于城市轨道交通运营企业来说，由于运营维护工作从业者本身工作环境受限，进一步完善职工疗休养工作制度，为职工提供职业病、心理疾病等治疗的优良服务十分重要。

（4）完善薪酬分配激励机制。

薪酬分配是从业人员最为关注的问题，它与从业人员工作效率息息相关。可以引入绩效考核机制。通过绩效考核将薪酬分配科学化、标准化、合理化。同时，建立增调薪酬多元方式，统筹考虑职级和专业技能水平等因素，实行多样化的薪酬增调机制。

（5）加快推进城市轨道交通信号工人才评价工作。

在国家职业技能标准的基础上，借鉴职业技能鉴定和等级认定工作经验，推进城市轨道交通信号工培训、评价与使用相结合与从业人员工作待遇相关联的激励机制。加快打开城市轨道交通信号工成长通道。

第十章

城市轨道交通信号工职业展望

2019年，中共中央、国务院印发了《交通强国建设纲要》，对交通强国建设提出了远景目标和系统规划，提出加快建设专业精良、创新奉献的高标准人才队伍，打造素质优良的交通劳动者大军的要求。加快交通强国建设，交通运输从业人员队伍的建设发展是其中的重要内容。为了更加全面系统地了解交通运输从业人员的实际状况，深入研究分析面临的问题，为交通运输从业人员职业发展提出更加具体的政策建议，交通运输部职业资格中心组织开展交通运输从业人员调查研究并形成系列职业发展报告，本报告为城市轨道交通信号工分册。

一、存在的问题

城市轨道交通在体量、规模上的飞速发展，对从业人员队伍建设提出了新的要求。从调研分析中看到，城市轨道交通信号工在供需关系、职业发展、人员评价、从业环境、职业满意度等方面还存在着问题和不足，主要表现在以下几个方面。

一是仍存在结构性供需矛盾。校园订单式招聘是企业的最主要新进来源。虽然行业整体人员相对稳定，但有半数以上受调查企业反映存在"招聘难"的问题的原因是"工作技术水平要求较高、难度较大、培养周期长"和"对口院校培养能力不足和市场专业对口供给不足等"，这反映了目前城市轨道交通信号工在从业人员职业教育培养和评价方面还存在衔接不紧密，仍然存在一定程度的结构性就业矛盾问题。

二是缺乏权威统一的职业评价制度。由于目前全国没有统一的职业评价制度，城市轨道交通信号工职业标准在行业内没有得到有效应用，职业能力评价制度等没有开展，缺乏企业和从业人员认可的职业资格制度和证书，进而影响了城市轨道交通信号工整体的职业发展通道的完善，晋升方向与晋升期望不匹配的现象比较明显。企业管理岗位设置较少，但从业人员的晋升期望却比较强烈。

三是职业培训体系有待完善。培训需求呈现出由专业技能向管理统筹发展的趋势，不同从业年限与不同学历的从业人员群体在培训需求上呈现差异性。信号故障应急能力是从业人员对需要提升的能力，这也是今后企业和行业开展城市轨道交通信号工培训、提升从业人员技能水平的重点。

四是薪酬满意度仍有待提高。从调查结果来看，城市轨道交通信号工对其工作基本认可，整体满意度中等偏上。但薪酬待遇方面"不太满意""不满意"的占比仍有48.1%。

五是职业健康水平仍需提高。工作条件方面，工作环境条件不好对从业人员的身体健康会造成一定负面的影响。职业具有突发性、紧迫性特征，同生命财产安全关联很大，对从业人员会产生较大的、持续性的心理压力。城市轨道交通信号工易患颈椎病、腰椎病、消化道疾病和呼吸道疾病，职业防护和从业环境改善需要加强。

二、下一步工作建议

根据从业人员问卷调查分析结果、从业人员和城市轨道交通企业的相关建议，以及城市轨道交通信号工工作实际，对改善城市轨道交通信号工从业状况，提出如下建议。

一是优化从业人员结构数量。随着信号系统设备日常检修综合化、运行状态检测和故障自诊断智能化，城市轨道交通信号工的层级和数量结构也需要不断优化。日常按规程检修人员，技术层级要求不高，但人员需求较多；信号系统设备状态分析、维修策略制定、故障处置人员，技术层级要求高，人员需求较少。应区别不同信号工技术层级要求，并对等薪资待遇，不断优化信号员工技术层级结构和人员组成。

二是加大人才培养力度。进一步加强对城市轨道交通信号工职业发展和新技术对职业影响的研究，掌握从业人员群体特征和行业发展趋势，在此基础上完善城市轨道交通信号工职业教育内容，提高职业教育培养的针对性，加强城市轨道交通信号工校企合作联合培养力度，解决从业人员的结构性问题。

三是完善从业人员评价体系。引导企业健全城市轨道信号工职业发展路径和岗位，从技能人员岗、专业技术岗、管理岗等多种方式提供从业人员成长空间和渠道。在行业内应尽快建立推行城市轨道交通信号工职业技能等级认定和专项职业能力考核等技能人才评价制度。建立行业广泛认可的职业资格证书，促进行业内部人员有序流动。充分发挥国家职业标准的人员评价培养方面的基础作用。引导企业健全企业评价规范、专项职业能力考核规范，营造公开、公平、公正的技能人才评价环境。

四是完善薪酬待遇体系。鼓励引导城市轨道交通企业建立健全体现技能价值激励导向的薪酬分配制度；建立城市轨道交通信号工多层级的技能人才职业发展通道，完善基于岗位价值、能力素质、业绩贡献的岗位绩效工资制，合理评价技能要素贡献。扩展到城市轨道交通关键技术岗位和紧缺急需的特殊高技能人才，实行年薪制、协议薪酬、专项特殊奖励，探索实行股权激励、项目分红或岗位分红等中长期激励方式，科学确定和合理提高技能人才薪酬待遇水平。

五是优化培养培训模式。建立健全从业人员适应就业创业和人才成长需要、适应高质量发展需求的培训制度。构建以企业自主培训、职业院校培训为主要供给，以就业技能培训、岗位技能提升培训和专项能力培训为主要形式的培训体系。实施从业人员知识更新工程，加强对从业人员安全素质、应急处置、职业防护等方面专项培训，提高城市轨道交通信号工整体素质，为加快建设交通强国提供有力支撑。

六是多措并举提升职业认同感。在建立完善薪酬待遇体系的基础上，通过开展职业技能竞赛展示从业人员技能水平、通过评选技术能手提高从业人员的社会地位和职业荣誉感，通过职业风采展示提高从业人员的社会认可度。通过加强从业人员的职业权益保障和劳动防护，不断优化从业环境，通过加强从业人员职业心理、职业伦理的研究，引导企业加强对从业人员的心理疏导和人文关怀，从多种方式提升从业人员的荣誉感、获得感，进而提升职业认同感。

附件1

城市轨道交通信号工素质状况调查问卷

（城市轨道交通企业填写）

地　　区：_____省（区、市）_____（市、县）
企业名称：_____（盖章）
联 系 人：_____
联系电话：_____
电子信箱：_____

1.本企业现有城市轨道列车_____种。其中，地铁制式A型车_____辆，B型车_____辆，C型车_____辆；轻轨跨座式单轨_____辆，APM_____辆；有轨电车_____辆，磁悬浮_____辆，城际铁路_____辆，其他_____。

2.本企业有_____条轨道运营线路，运营总里程_____km，试运营线路_____km，预计2020年12月31日前运营线路总长达_____km。

3.本企业（运营）目前职工总数为_____人。其中维保版块职工____人；维保版块中负责车站维保____人，车辆维保____人，工务维保____人，供电维保____人，通信维保____人，信号维保____人。

4. 请填写本企业各条轨道线路信号有关信息统计表。

轨道线路名称	里程（km）	开通运营时间	信号（闭塞）制式	配备信号工班数	信号工总人数	持证率（%）（企业内部信号工技能等级证书）

5.本企业城市轨道交通信号工的性别、年龄、从业时长结构。

从业人员	数量（人）	从事本职业各时间段的人数					平均从业时长
		≤1年	1~3年	4~6年	7~9年	≥10年	
城市轨道交通信号工	男___	___人	___人	___人	___人	___人	___年
	女___	___人	___人	___人	___人	___人	___年

从业人员	数量（人）	年龄结构					平均年龄
		≤20岁	21~25岁	26~30岁	31~35岁	≥36岁	
城市轨道交通信号工	男___	___人	___人	___人	___人	___人	___岁
	女___	___人	___人	___人	___人	___人	___岁

6. 近3年，本企业从其他岗位转至城市轨道交通信号工岗位的人员情况。

年份（年）	原岗位名称	转岗人数	原岗位工作时间（人）				年龄结构（人）				学历结构（人）			
			≤3年	4~6年	7~9年	≥10年	≤25岁	26~35岁	36~45岁	≥46岁	研究生	大学本科	大专/高职	高中/中专/中职/职高
2017														
2018														
2019														

附件1 | 城市轨道交通信号工素质状况调查问卷

7.本企业城市轨道交通信号工学历构成。

博士____人　　　　　　　　　硕士____人

大学本科____人　　　　　　　大专/高职____人

高中/中专/中职/职高____人　　初中及以下____人

8.近3年，本企业每年城市轨道信号工的新进人数情况，以及新进信号工身份情况。

年份（年）	新进人数/总人数	新进信号工中，各类身份人数情况		
		轨道信号工变更服务单位（"跳槽"）	应届毕业生	企业内部转岗
2017	—			
2018	—			
2019	—			

9.本企业选拔城市轨道交通信号工的主要途径是：

☐校园定向招聘（订单式招聘）　　☐社会招聘

☐企业自设培训机构自主培养　　　☐内部转岗

☐校园广泛招聘（非订单式招聘）　☐其他（请填写）_____

10.本企业认为城市轨道信号工是否存在"招工难"？

☐是　　　　　　　　　　　　　☐否

如是，则存在"招工难"的主要原因有哪些，可多选并按重要程度由高到低进行排序。

城市轨道交通信号工"招工难"：_____；

①对口院校培养能力不足和市场专业对口供给不足等原因

②从业危险性高，承担的风险高、责任大

③从业环境较差

④户口限制导致本地人才紧缺，外地人员难入

⑤工资待遇没有优势

⑥工作技术水平要求较高，难度较大，培养周期长

⑦工作压力大，劳动强度大

⑧职业晋升出路有限

⑨职业荣誉感低

⑩其他（请填写）_____

11.近3年，本企业每年城市轨道交通信号工的流出情况，以及流出从业人员主要方向。

年份（年）	流出人数	流动的人员中，主要原因及人数			
		变更服务单位（"跳槽"）	因年龄、身体等原因退休	企业内部转岗（调度员或其他）	其他情况____
2017					
2018					
2019					

12.本企业认为城市轨道交通信号工是否存在"留不住"的情况？
□是　　　　　　　　□否

若是，造成城市轨道交通信号从业人员流动的主要原因有哪些，可多选并按重要程度由高到低进行排序：_____

①行业内其他企业或者猎头公司施加影响

②职业危险性高，承担的风险大　　③从业环境较差

④工资待遇没有优势　　　　　　⑤工作枯燥、乏味，重复劳动多

⑥工作压力大，劳动强度大　　　⑦职业晋升出路有限

⑧职业荣誉感低　　　　　　　　⑨其他（请填写）_____

13.本企业城市轨道交通信号工里程配比为____km/人（或____人/km）。

14.本企业城市轨道交通信号工的税后人均（不含五险一金）年收入_____万元。

15.本企业是否设置城市轨道交通信号工职业资格考核部门？
□是　　　　　　　　□否

若是，承担职业资格考核工作的部门是：_____

16.本企业是否制定了城市轨道交通信号工的职业/岗位等级评价方式？
□是　　　　　　　　□否

若是，城市轨道交通信号工的职业/岗位划分为_____级，评价方式已实行_____个月。

17.本企业是否设置应急管理职能部门？
□是　　　　　　　　□否

若是，应急管理职能部门的名称是：_____

18.本企业针对城市轨道交通信号工的企业持证上岗证件类型：

□职业资格等级认定证件，持证_____人，发证单位_____

□交通主管部门证件，持证_____人，发证单位_____

□安全监管部门证件，持证_____人，发证单位_____

□城市轨道交通协会证件，持证_____人，发证单位_____

□企业内部上岗证，持证_____人，发证单位_____

□其他证件_____，持证_____人，发证单位_____

19.城市轨道信号工正式入岗（转正）前累计接受的培训情况。

（1）职工正式入岗前累计接受理论教学培训的时长是：

□30天以内　□30~60天　□61~90天　□91~120天　□120天以上

（2）职工正式入岗前累计接受实训室实操教学培训的时长是：

□30天以内　□30~60天　□61~90天　□91~120天　□120天以上

（3）职工正式入岗前累计接受工作现场实操（培训）的时长是：

□30天以内　□30~60天　□61~90天　□91~120天　□120天以上

20.本企业对在职城市轨道交通信号工每年能够完成_____人次的培训，平均每人培训时长___h。在职培训方式主要有哪些（可多选）：

□集中授课

□委托外部培训

□个别辅导

□参加经验交流会

□参观考察和参加国家有关部门组织的宣贯会

□安全例会教育，每月___次，每次___h

□其他_____

其中，脱产培训，平均每年每人___h，不脱产培训，平均每年每人___h。

21.本企业编制了哪些城市轨道交通信号工的培训教材/讲义/课件？

□企业内部上岗前评价考试教材

□企业城市轨道交通信号工职级晋升考试评价教材

□校企合作编制教学教材

□其他_____

22.本企业对城市轨道交通信号工培训组织的需求是？
□本公司培训　　　　□职业技术院校培训
□本科院校培训　　　□研究生院校培训
□行业培训机构培训
□城市轨道交通信号工职业资格专家小组组织培训
□其他（请填写）_____

23.本企业城市轨道交通信号工的职业晋升路径为（结合实际选填）。

类　　别	晋升方向	首次晋升	再次晋升
城市轨道交通信号工	□管理岗	晋升后职位/所需年限 _____/_____	晋升后职位/所需年限 _____/_____
	□技术岗	晋升后职位/所需年限 _____/_____	晋升后职位/所需年限 _____/_____
	□高技能人才岗	晋升后职位/所需年限 _____/_____	晋升后职位/所需年限 _____/_____

24.本企业为满足城市轨道交通信号工岗位要求需着重加强的职业胜任力有：_____（按重要程度由高到低顺序排列，限5项）。
①职业道德和诚信水平　　②安全文明从业意识
③管理知识　　　　　　　④政策、法规和专业知识
⑤业务技能　　　　　　　⑥实际操作技能
⑦心理素质和抗压能力　　⑧国内、外先进信号维护维修技术
⑨其他1_____　　　⑩其他2_____

25.本企业要充分满足运营需求，预计2020—2023年，平均每年新增从事城市轨道交通信号工_____人。

26.本企业是否设置加班费作为奖励工资？
□有加班费，企业规定实发基数为_____（阿拉伯数字）　□否

27.本企业对城市轨道交通信号工的福利及劳动保障都有哪些？
□疗休养（每月___天）　　□缴纳"五险"　　□缴纳住房公积金
□带薪年休假（每年___天）　□提供岗位培训　　□提供住宿或住房补贴

□定期体检（□免费　□自费或部分自费　□1年1次　□1年1次以上）
□企业设置困难职工帮扶基金　□其他（请填写）_____

28.本企业城市轨道交通信号工易患的疾病有哪些？
□呼吸系统疾病　□听力损伤　□视力损伤　□其他（请填写）_____

29.安全环境的感知是指各企业的高层管理人员是否提倡安全环境、是否维护企业安全管理做出努力的感知。请您根据本企业对于安全环境的感知，在下列"很低"到"很高"5个选项中选择一项？_____
□很低　　□较低　　□一般　　□较高　　□很高

30.本企业对城市轨道交通信号工的关注点是_____。
（按重要程度由高到低顺序排列）
①信号维护技术操作能力　　　②信号维护理论知识储备
③协调沟通、吃苦精神　　　　④维护方案设计能力
⑤突发事件应急处理能力　　　⑥管理统筹能力
⑦其他（请填写）_____

31.2020年1月，《轨道交通信号工国家职业技能标准（2020版）》已经由交通运输部、人力资源和社会保障部等共同颁布。按照2020年1月2日国务院政策例行吹风会精神，针对城市轨道交通信号工拟推行职业技能等级制度，开展职业技能等级认定，本企业对交通运输主管部门组织开展城市轨道交通信号工职业技能等级认定工作有何意见建议？（另附页）

32.交通运输部职业资格中心正在着手《城市轨道交通信号工职业丛书》的编写工作，现面向城市轨道交通企业征集信号工的先进事迹和案例，请您将身边可以突出城市轨道交通信号工风采的素材或者故事发送给我们，您提供的素材我们会认真审核，优秀的素材资料不仅有可能被列入城市轨道交通信号工职业丛书作为典范，还会在我单位官网（交通职业资格网）进行专栏宣传。我们要求事迹真实可靠、表述准确贴切、条理清晰分明，提供现场工作照5张，并将该材料电子版发送至指定电子邮箱505586194@qq.com。

附件2

城市轨道交通信号工从业状况调查问卷

尊敬的城市轨道交通信号工朋友：

您好！

为全面了解城市轨道交通信号工队伍现状，提出加强和改进城市轨道交通信号工素质提升工作和管理服务工作的意见建议，建设一支适应加快建设交通强国要求的高素质专业化城市轨道交通信号工队伍，特向您进行问卷调查。

非常感谢您抽出宝贵时间参与此次问卷调查。本次问卷不记名，原始问卷将严格保密，调查结果只用作科学研究和政策制定。您回答的真实性将直接影响调查结果的准确性。

请您认真阅读问卷并在你认为的选项"□"上划"√"，文字内容请填写在对应的横线上，答案无对错之分。

对您的积极配合与支持表示衷心感谢！

一、基本情况

1. 您的基本信息：

（1）性别：□男　　　　□女

（2）学历：□初中及以下　□高中/中专/职高
　　　　　　□大专/高职　　□本科
　　　　　　□硕士研究生　□博士研究生

（3）您的婚姻状况为：□已婚　　□未婚　　□离异

（4）您就职的公司（单位）是：_____

（5）您是否毕业于交通职业院校相关专业（铁道信号自动控制、城市轨道交通通信信号技术、铁道通信与信息化技术、铁道通信信号设备制造与维护等信号相关专业）

☐交通类、轨道类院校相关专业毕业

☐交通类、轨道类院校非相关专业毕业

☐非交通类、非轨道类院校毕业

（6）户口：☐农业户口　　☐非农业户口　　☐居民户口

（7）户籍所在地和工作地是否在同一地市：☐是　☐否

（上问选"否"答）若户籍不在工作地，企业是否有相应政策解决职工户口迁移问题：☐是　　☐否

2.您所在省份：_____，市（县）_____。

3.您的年龄是?

☐22岁及以下　　☐23~25岁　　☐26~30岁　　☐31~35岁

☐36~40岁　　☐41~45岁　　☐46~50岁　　☐50岁以上

4.您从事城市轨道交通信号工工作的年限是：

☐3年及以下　☐3~5年　☐5~10年　☐10~15年　☐15年以上

5.您从事轨道信号工工作之前是否有工作?

☐有（职业/工种：_____）　如果有，您从事该工作的时长是_____年

☐无

6.您在城市轨道运营公司工作角色是?

☐实习信号工

☐信号工

☐信号一线管理人员（10人以下团队）

☐信号一线管理人员（10~20人团队）

☐信号一线管理人员（20人以上团队）

☐信号部门主管或相关部门主管

二、职业培训与职业晋升

7.从事城市轨道信号工岗位前您累计接受的培训情况。

（1）您正式入职前累计接受理论教学培训的时长是：
☐30天以内　☐30~60天　☐61~90天　☐91~120天　☐120天以上
（2）您正式入职前累计接受实训室实操教学培训的时长是：
☐30天以内　☐30~60天　☐61~90天　☐91~120天　☐120天以上
（3）您正式入职前累计接受工作现场实操（培训）的时长是：
☐30天以内　☐30~60天　☐61~90天　☐91~120天　☐120天以上
（4）培训形式是（可多选）：
☐企业内部自训　　　　　☐行业管理部门组织的培训
☐社会团体、中介组织的培训
☐目前还没有参加过培训　　☐其他_____

8.您工作期间接受过哪种形式的<u>在职教育培训</u>？（可多选）
☐集中授课　　　　☐委外培训　　　　☐个别辅导
☐参加经验交流会　☐参观考察和参加国家有关部门组织的宣贯会
☐安全例会教育，每月___次，每次___h
☐其他_____

9.您工作期间参加的培训主要内容是哪些？（可多选）
☐职业道德和文明礼仪　　☐安全意识
☐信号维护实操技能　　　☐信号理论知识
☐城市轨道交通信号前沿新技术拓展
☐沟通技巧或人际关系处理
☐法律法规　　　　☐企业规章制度
☐其他_____

10.您工作期间每年累计接受培训时长多少天？
☐15天以内　☐15~30天　☐31~60天　☐61~90天　☐90天以上

11.您工作期间参加培训费用由谁支付？
☐个人自付　☐企业支付　☐个人与企业共同担负　☐免费　☐其他

12.您接受培训的方式是：（可多选）
☐课堂理论教学　☐实训场地实操教学　☐在线学习
☐安全例会教育　☐研讨、论坛、沙龙等会议交流　☐其他_____

13.您认为自己在哪些方面需要进一步提高？（可多选）

☐法律法规、企业规章 ☐信号故障应急处理能力
☐信号维护实操技能 ☐信号维修实操技能
☐维护方案设计能力 ☐管理统筹能力
☐调度运营等方面技能 ☐沟通技巧或人际关系处理
☐其他_____

14.如果有机会晋升，您最倾向于哪一发展通道？
☐管理岗　　☐技术岗　　☐高技能人才岗

15.您觉得晋升主要取决于？（最多选三项）
☐工作成绩　☐领导推荐　☐年龄和资历　☐学历提升　☐个人关系
☐其他_____

三、职业环境和职业健康

16.您每个工作日（含当日夜间工作）平均工作时间长度是：
☐6h以内　☐6~8h　☐8~10h　☐10~12h　☐12h以上

17.您平均每周休息多少天？
☐0天　☐1天　☐2天　☐2天以上　☐不固定

18.您工作公司目前的信号维护人员同运营线路里程的配比是：
_____km/人（或_____人/km）
若有其他分配单位、分配密度请注明：_____

19.您对目前的工作和休息时间是否满意：
☐很满意　☐较满意　☐一般满意　☐不太满意　☐很不满意

20.您对工作紧迫性的感受如何？
☐很急迫　☐较紧迫　☐一般　☐较轻松　☐很轻松

21.您认为公司目前的工作环境：
☐很好　☐较好　☐一般　☐较差　☐很差

22.作为城市轨道交通信号工，您日常工作、生活压力感受如何？
☐很大　☐比较大　☐一般　☐没什么压力

23.作为城市轨道交通信号工，您的压力主要来自_____？（最多选三项）
☐工作突发情况多，精神高度紧张
☐工作强度大，休息不足

□工作作息混乱，工作环境压抑

□工作特点导致职业病

□发生事故或纠纷相关权益得不到保障

□工作安全风险大，责任重

□其他（请填写）_____

24.除薪酬外，您最看重：

□提高自己能力的机会　　□好的工作环境

□和谐的人际关系　　　　□工作的成就感

□其他_____

25.您有以下哪些职业病？（最多选三项）

□颈椎病　□腰椎病　□消化系统疾病　□眼耳部疾病　□呼吸道疾病

□心血管疾病　□其他_____

26.您的工作是否得到了领导及同事的认可？

□非常认可　□较认可　□一般　□不很认可　□非常不认可

27.您是否常与不同部门人员（站务人员、司机、工务人员等）沟通？

□经常是　□偶尔　□从来没有

28.您认为自己与其他部门工作配合怎样？

□很好　□较好　□一般　□较差　□很差

29.您的家人是否支持您从事城市轨道交通信号工工作？

□非常支持　□支持　□没有意见　□不支持　□非常反对

30.您对目前的岗位满意吗？

□很满意　□较满意　□一般满意　□不太满意　□很不满意

31.您认为自己的能力是否得到充分发挥：

□能力发挥很充分　　□未能发挥完全　　□没感觉

□对我的能力有些埋没　□没有能让我施展的机会

32.这种情况是否在您的工作中出现：即便前一天晚上休息得很好，第二天上班时还是会感到疲倦？

□根本不出现　□很少出现　□有时会出现

□很多时候出现　□经常出现

33.这种情况是否经常在您的工作中出现：工作间隙您更愿意一个人独处，

不愿意跟同事交流。
☐根本不出现 ☐很少出现 ☐有时会出现 ☐很多时候出现
☐经常出现

34.这种情况是否经常在您的工作中出现：您感到自己的工作无趣。
☐根本不出现 ☐很少出现 ☐有时会出现 ☐很多时候出现
☐经常出现

四、职业胜任力与职业意识

35.您认为城市轨道交通信号工工作的技术含量层级是？
☐非常高 ☐比较高 ☐还可以 ☐比较低 ☐非常低

36.您是否关注国内外的城市轨道交通信号的国内外前沿新技术和新研究等？
☐非常关注 ☐比较关注 ☐一般了解 ☐不太关注 ☐完全不关注

37.您是否参与过城市轨道交通信号领域的重要前沿国际论坛或研讨会（规模在100人、5个国家以上）？
☐是的（自己被邀请过） ☐是的（单位派参过）
☐没有这方面的经历 ☐完全不关注这些

38.工作期间，您获得过哪些等级的荣誉？
☐省、部级表彰或奖励 ☐市级表彰或奖励
☐区、县级表彰或奖励 ☐单位（企业）内部表彰或奖励
☐其他_____

39.您曾经参加过哪些城市轨道交通职业技能竞赛？
☐全国交通运输行业职业技能大赛（学生组）
☐其他国家级职业技能竞赛
☐省、部级职业技能竞赛
☐区、县级职业技能竞赛
☐单位（企业）内部组织的职业技能竞赛
☐没有参加过
☐其他_____

40.若您参加了比赛，您在比赛中的获奖情况是？
☐1~3等奖 ☐其他获奖名次 ☐未获奖

41.您所在单位（企业）是否设置应急管理职能部门？
□是 □否
若是，应急管理职能部门的名称是：_____
应急管理人员岗位名称是：_____

42.作为城市轨道交通信号工，您认为以下哪五点较为重要？并排序（多选）：_____
①职业道德 ②维护方案设计能力 ③安全意识 ④管理统筹能力
⑤协调沟通、吃苦精神 ⑥政策、法规知识 ⑦信号维护理论知识储备
⑧突发事件应急处理能力 ⑨信号维护技术操作能力
⑩其他（请填写）_____

43.您最想在哪五个方面提高能力水平？（最多选五项）
□法律法规、企业规章   □信号故障应急处理能力
□信号维护实操技能   □信号维修实操技能
□维护方案设计能力   □管理统筹能力
□调度运营等方向技能   □沟通技巧或人际关系处理
□其他_____

五、城市轨道交通信号工职业资格

44.您所在单位（企业）是否要求您提供岗前从业证书或职业资格证（2017年以前）？
□是 □否
若是，发证单位是_____

45.您是否持有城市轨道交通信号工职业资格证书（2017年以前）？
□是 □否
若是，发证单位是_____
您职业资格证书的等级是：□五级 □四级 □三级 □二级 □一级

46.您是否还持有其他职业资格证书？
□是 □否
如是，属于下列哪一种：
□人社部门颁发的证书   □行业颁发的证书

□其他社会培训机构颁发的证书　　□其他：_____

47.您的单位（企业）是否有信号工职业资格考核部门（或组织）？

□是　　　　□否

若是，职业资格考核部门（或组织）的名称是：_____

职业资格考核中等级划分为_____（限阿拉伯数字）个等级，从高到低分别是_____级、_____级、_____级、_____级和_____级。您目前是从高到低的第_____（限阿拉伯数字）等级。

48.您去年是否参与过企业内职业资格考核部门（或组织）的考核？

□是　　　　□否

若是，职业资格考核部门（或组织）考核密度是_____/年

49.您了解城市轨道交通信号工职业技能等级认定吗？

□很熟悉　　□了解　　□听说过　　□不了解

50.今年1月，《轨道交通信号工国家职业技能标准（2020版）》已经由交通运输部、人社部等共同颁布，您是否了解该标准已经颁布？

□很熟悉　　□了解　　□听说过　　□不了解

51.您认为城市轨道交通信号工职业技能等级认定是否能够有效评价职业水平/促进职业发展？

□是　　□否　　□不好说

52.按照2020年1月2日国务院政策例行吹风会精神，针对城市轨道交通信号工拟推行职业技能等级制度，开展职业技能等级认定，您是否赞成由交通运输主管部门组织开展城市轨道交通信号工职业技能等级认定工作？

□是　　□否　　□不好说

六、薪酬和福利

53.近几年的税后收入（不含五险一金）情况

（1）您2017年的税后月平均收入是？

□3000元以下　　□3000~5000元　　□5000~7000元　　□7000元以上

（2）您2018年的税后月平均收入是？

□3500元以下　　□3500~5500元　　□5500~7500元　　□7500元以上

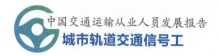

（3）您2019年的税后月平均收入是？
□4000元以下　□4000~6000元　□6000~8000元　□8000元以上
（4）您目前的税后月平均收入是？
□4500元以下　□4500~6500元　□6500~8500元　□8500元以上
54.您对目前收入的满意程度是：
□很满意　□较满意　□一般满意　□不太满意　□很不满意
55.您期望达到的收入是？（请根据实际劳动理性填写）
□6500元及以下　□6500~8500元　□8500~10000元　□10000元以上
56.您的工作享有以下哪些待遇（可多选）：
□疗休养制度　　　□缴纳"五险"　　　□缴纳住房公积金
□带薪年休假　　　□提供岗位培训　　□提供住宿或住房补贴
□定期免费体检　　□免费工作餐　　　□过节发放物品
□困难职工帮扶金　□什么都没有　　　□其他（请填写）_____
57.您对福利的满意程度是：
□很满意　□较满意　□一般满意　□不太满意　□很不满意

七、职业发展

58.您从事城市轨道交通信号工工作的原因有哪些？（可多选）
□谋生手段　　□个人喜好　　□有职业荣誉感
□收入稳定　　□看好行业发展趋势
□其他（请填写）_____
59.您认为目前的工作：
□很合适，并且有信心、有能力做好
□是我喜欢的工作，但自己的能力有所欠缺
□不是我理想的工作，但我能够做好
□不太适合，希望换一个岗位_____
60.将来您最希望在哪些方面能够有所改进？（可多选）
□工资福利　　□工作环境　　□安全保障
□身心健康　　□职业晋升
□其他（请填写）_____

61.您认为城市轨道交通信号工在地铁公司发展前景如何?
　　□很有前景　□就是一种谋生的手段,谈不上发展
　　□前途渺茫　□看个人机遇　□说不好

62.您认为,作为长期从事城市轨道交通信号工工作的人员,年龄最高达到多少岁应当办理退休?男性＿＿岁,女性＿＿岁。